ANGOULÊME

HISTOIRE, INSTITUTIONS & MONUMENTS

par

A.-F. LIÈVRE

Correspondant du Ministère de l'Instruction publique

pour les travaux historiques.

ANGOULÊME

L. COQUEMARD, ÉDITEUR

9, rue du Marché, 9

1885

—

HP

37

ANGOULÊME

DU MÊME AUTEUR

EXPLORATION ARCHÉOLOGIQUE DU DÉPARTEMENT DE LA CHARENTE, in-8°, t. Ier.

LES TUMULUS DE LA BOIXE, par Chauvet et Lièvre, in-8°.

LA BOIXE, histoire d'une forêt, in-8°.

LES HUITRES NOURRIES EN EAU DOUCE, problème d'archéologie et de zooéthique, in-8°.

LES FOSSES GALLO-ROMAINES DE JARNAC et les Puits Funéraires, in-8°.

RESTES DU CULTE DES DIVINITÉS TOPIQUES DANS LA CHARENTE, in-8°.

HISTOIRE DES PROTESTANTS ET DES ÉGLISES RÉFORMÉES DU POITOU, 3 vol. in-8°.

NOTES SUR COUHÉ ET SES ENVIRONS, in-8°.

DU LIEU OU CLOVIS DÉFIT ALARIC en 507, in-4°.

ANGOULÊME

HISTOIRE, INSTITUTIONS & MONUMENTS

par

A.-F. LIÈVRE

Correspondant du Ministère de l'Instruction publique
pour les travaux historiques.

ANGOULÊME

L. COQUEMARD, ÉDITEUR

9, rue du Marché, 9

1885

—

TIRAGE :

525 exemplaires sur papier teinté ordinaire.

50 exemplaires sur papier à bras.

5 exemplaires sur papier du Japon.

ANGOULÊME

HISTOIRE

Angoulême est assis sur un étroit plateau, à deux cents mètres au-dessus du niveau des mers, et à soixante-dix mètres au-dessus des vallées qui l'entourent. Du haut de sa vieille enceinte de fortifications transformées en boulevards, il jouit d'un horizon étendu et varié, dont le charme détourne de la ville elle-même l'attention des étrangers, qui, le plus souvent, n'en gardent d'autre souvenir que celui de cette situation exceptionnelle.

Au nord et à l'ouest, la Charente, indécise, se déroule, au milieu des prairies, en un large ruban d'argent ou d'azur et, après avoir, depuis sa source, essayé de toutes les directions, prend enfin celle de la mer, lentement et comme à regret. Au midi, l'Anguienne, plus modeste, se cache derrière les peupliers, dont les rangées seules révèlent son cours et dessinent ses dérivations à travers les jardins, les prés et les usines, qui se partagent ses eaux. Au delà, vers le sud et le

levant, de chaque côté du vallon, s'étendent des
plateaux rocheux, nus ou boisés selon que les
derniers courants diluviens les ont complètement
érodés ou y ont laissé un peu de terre. Du sud au
nord et du nord à l'est le regard se promène, au
contraire, sur des campagnes ondulées, partout
cultivées, semées de hameaux et sillonnées de
routes qui convergent vers la ville et, arrivées
au pied du coteau, le gravissent comme elles
peuvent par des rampes sinueuses, tandis que les
voies ferrées, ne pouvant ni dévier ni monter,
plongent dans les flancs mêmes du rocher.

Ce plateau, qui pour nous a le charme de son
panorama, offrait aux premiers hommes qui l'ont
choisi pour s'y établir des avantages d'un autre
genre, dont le plus apprécié, sans doute, était la
facilité d'en surveiller les abords et de s'y défendre. Il est assez facile de se faire une idée de
ce qu'il était alors. Au nord, sur le point culmi-
nant, une épaisse couche de limon tertiaire avait
permis aux arbres de haute venue de grandir
librement, tandis qu'au sud et à l'est, de rustiques
touffes d'yeuses se contentaient de la maigre
nourriture qu'elles trouvaient çà et là dans les
fissures de la craie. L'été, c'est sous ces om-
brages que les contemporains du mammouth et
du renne fabriquaient leurs engins et se repo-
saient de leurs chasses ; l'hiver, ils cherchaient
un abri au pied du rocher ou dans les grottes que
la nature leur avait préparées autour de la colline,
et qui, pour la plupart, ont depuis été obstruées

ou détruites. Les silex ouvrés ou taillés qu'on a recueillis sur les pentes, moins souvent remaniées que le sommet, sont la preuve que cette forteresse naturelle a été dès ce premier âge la station permanente ou momentanée de quelques familles.

Plus tard, lorsqu'il eut appris à affûter et à emmancher sa hache de pierre et commencé à traiter les métaux, l'homme, mieux outillé et d'ailleurs débarrassé des grands fauves, n'en continue pas moins à occuper cette position privilégiée. Devenu sédentaire et disposant de quelques loisirs, il prend soin de sa dernière demeure, qu'il élit d'ordinaire sur les hauteurs où durant sa vie il a cherché la sécurité et le repos. Au sud de la ville, sur un plateau qui lui fait face, il y avait autrefois un dolmen, qui a laissé le nom de Pierre-Levée à la plaine où il se trouvait. Du rempart du nord, il y a cent ans, on en distinguait un autre, presque à l'horizon, sur le promontoire qui sépare, à leur jonction, les vallées de l'Argence et de la Charente. Au xve siècle, on en voyait un troisième du côté des Planes. Ces rustiques et lourdes constructions, appelées Pierres-Levées ou Pierres-Folles, passaient, en général, pour être l'œuvre et la demeure des fées, et il faut peut-être rattacher au souvenir d'un monument de ce genre le nom de Champ-Fadat que portait au moyen âge l'extrémité sud-ouest du plateau d'Angoulême.

Plus à l'est, dans un terrain appelé autrefois le Champ-de-Saint-Marsault, et qui est aujourd'hui le champ de foire, il y avait un tertre artificiel, dont le maire Hélie Dexmier fit enlever, vers 1545,

« plus de mille charretées de pierres et pierrail. »
D'après la situation, le volume et la composition
de cette butte, tous ceux qui ont fouillé des
tumulus dans notre région seront portés à croire
qu'elle recouvrait, elle aussi, une sépulture des
derniers temps de l'âge de la pierre. « La motte
du Champ-de-Saint-Marsault » peut avoir eu
cependant une autre origine et dater d'une époque

un peu moins éloignée. Placé sur la ligne faîte
de la colline, cet énorme amoncellement de pierres

se trouvait juste au point où celle-ci subit un étranglement et n'a plus que deux cents pas de large. C'était peut-être une jetée allant d'un bord à l'autre et destinée à défendre le plateau du seul côté où on y arrive de plain-pied. Ce serait, dans ce cas, une disposition analogue à celle du camp de Vœuil ; mais ici l'espace ainsi protégé aurait été beaucoup plus considérable et aurait formé un oppidum d'une surface à peu près égale à celle de Gergovie.

Cette première enceinte d'Angoulême daterait de l'époque gauloise. Nous avons d'ailleurs une autre preuve que nos pères, souvent en guerre entre eux et, par suite, obligés comme leurs devanciers, de sacrifier les commodités de la vie à la sécurité, restèrent sur ce sommet privé d'eau

mais pourvu de remparts naturels faciles à compléter ; c'est une statue de demi-grandeur, trouvée dans les fondations de l'Hôtel-de-Ville, ⊂ qui représente un personnage portant, à la açon gauloise, un torque et des bracelets à la ha■teur de l'aisselle.

Un vase funéraire recueilli à Saint-Auso▬e se rapporte aussi à cette époque.

Sous l'administration romaine, Angoulê▬e vit s'élever des monuments dont l'importanc◻ est attestée par les restes qu'on en a découv⊏rts à différentes époques.

Au XVIᵉ siècle, Corlieu avait remarqué ⊂ie le mur qui, de son temps, séparait la ville d■ faubourg Saint-Martial était « fait de grands qua_tiers de pierre, de quatre à cinq pieds de longue r, et larges à l'avenant, entassés l'un sur l'autr⊂ sans mortier. » Au moment même où il acheva ┠ son livre, on abattit une partie de cette murai_e, et on vit que « l'intérieur d'icelle était f⊏t et maçonné de pièces d'autres pierres, qui au■aravant avaient servi à autres édifices, c■mme colonnes, frises et soubassements ; ce qui m⊏ntre, ajoute-t-il, que jadis lesdites murailles furent aites des ruines de quelques temples ou su⊐rbes bâtiments, autrefois bâtis au même lieu. »

Lorsque, en 1778 et 1787, on fit des déblai⹀dans l'ancien parc du château pour y établir un■ promenade, on rencontra les premières assise⹀d'un mur fait de blocs énormes, superposés sans▬mortier, et dans lequel se trouvaient aussi des tro çons de colonnes, des pierres ornées de rincea_x et des fragments de chapitaux et de corniches

Enfin, en 1863, les fouilles opérées sur l'emplacement du château pour la construction de l'Hôtel-de-Ville, mirent au jour des antiquités du même genre, qui, sauvées de la destruction et déposées dans la salle de l'angle sud-ouest du monument, marquent elles-mêmes, pour ainsi dire, la place où elles ont été tirées de terre. Ce sont des inscriptions, une tête d'impératrice, un lion mutilé, un fragment de trophée en bas-relief et un chapiteau de quatre vingts centimètres de haut, sculpté sur les quatre faces,

dont une, assez bien conservée, représente un empereur. Qu'elle ait été isolée ou ait fait partie

d'un édifice, la colonne que surmontait cette
dernière pièce ne devait pas avoir moins de huit

A. CISMAN

à neuf mètres de hauteur. Le trophée ne peut de
même provenir que d'un monument important.

En creusant, près de la tour ronde du château, les
fondations de l'aile orientale de l'Hôtel-de-Ville,
on a rencontré les soubassements, en grand appareil, d'une construction romaine, d'où provenaient
peut-être les divers débris dont nous venons de
parler.

C'est aussi aux ruines d'un édifice de ce temps,
qu'ont dû être empruntés deux chapiteaux d'allâtre
dont l'existence nous a été signalée par M. Warin

et qui ornent intérieurement la fenêtre centrale de l'abside de la cathédrale.

Dans les dépendances du château on voyait encore au siècle dernier une vieille masure, d'apparence monumentale, qui servait à abriter les quelques engins de guerre que possédait la place. Elle a depuis été rasée pour donner passage à une rue, qui, en souvenir d'elle et de son dernier usage, a été appelée rue de l'Arsenal. A certains détails de la description que Desbrandes nous a laissée de cette ancienne construction il est facile de reconnaître un édifice romain, qui avait, plus ou moins entier, traversé les siècles.

Un fragment de pierre votive ramassée dans les démolitions du château

DEO ROBORI

ET GENIO LOCI

autorise à croire qu'un bois de chêne, considéré comme sacré, couronnait encore à cette ép que la crête du coteau d'Angoulême.

Une autre inscription, retirée des fonda ons de l'Hôtel-de-Ville, et également incomp ète,

nous apprend que les Romains, confondan et embrouillant toutes les mythologies, avaien import porté chez nous le culte de Cérès, qu'eux-mêmes avaient emprunté à la Grèce.

A en juger par les vestiges qu'on a rencon rés jusqu'ici, la vie dans les premiers siècles de n tre ère s'est concentrée vers le milieu du plateau, tandis qu'on portait les morts sur son pourt ur. Messieurs Dumas, Fauquez et Biais, possèdent des vases et autres objets de cette époque, recueillis dans des tombeaux, les uns près du Châtelet, les autres sur les pentes ouest et sud-ouest du coteau. C'est sur le revers occide tal que paraît avoir été en ce temps-là le princpal champ de repos.

Des traces d'habitation ont également été reconnues à Basseau, à Thouérat, à Roffit et sur

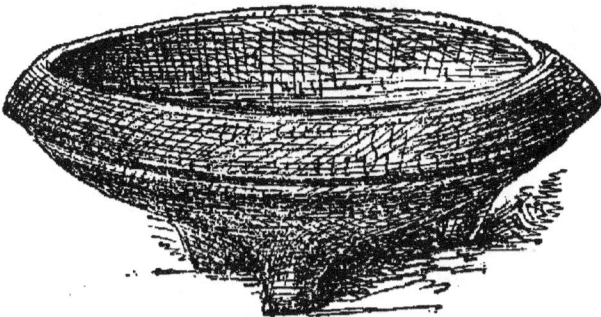
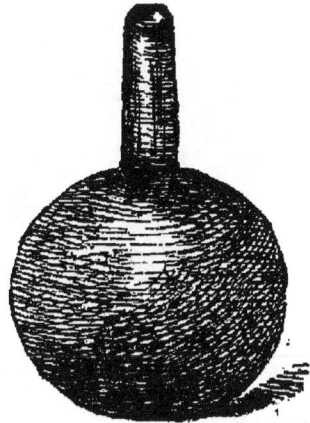

divers autres points des vallées, où les aulois
romanisés avaient sans doute jugé plus co—amode

de s'établir que de rester au somm_t du
plateau.

Si Angoulême avait alors une incontestable importance, dont témoignent ses monuments; si,

d'autre part, on considère que vers la fin du IVᵉ siècle il fut, comme Bordeaux, Poitiers, Saintes et Périgueux, une des cités de la seconde Aquitaine; que cette cité devint, comme les autres, le diocèse d'un évêque et que notre ville est restée le chef-lieu d'une province, on sera tout porté à admettre qu'elle fut dès lors la capitale d'une peuplade gauloise. Cette tribu, dont le nom ne se trouve que dans Pline, altéré peut-être, serait les Agésinates, clients ou alliés des Poitevins, *Agesinates Pictonibus juncti.*

La cité, comme le diocèse qui lui a succédé et a dû lui emprunter ses limites, n'était pas d'une grande étendue, et la petite capitale de ce petit peuple avait été un peu négligée par l'administration romaine dans le tracé de ses voies de

communication, que sa position, du reste, n'in_tait
guère à y passer. Angoulême se trouve ≡ vol
d'oiseau sur la ligne de Périgueux à Nar_es ;
mais pour éviter la vallée de la Touvre, se n_in-
tenir sur les hauteurs et se rapprocher de Poit_rs,
qu'il fallait desservir au moyen d'un embran_he-
ment, les ingénieurs romains ont fait dévier ≡ dix
kilomètres à l'est la chaussée destinée à reli_ la
capitale des Pétrocores à celle des Namnète≡ La

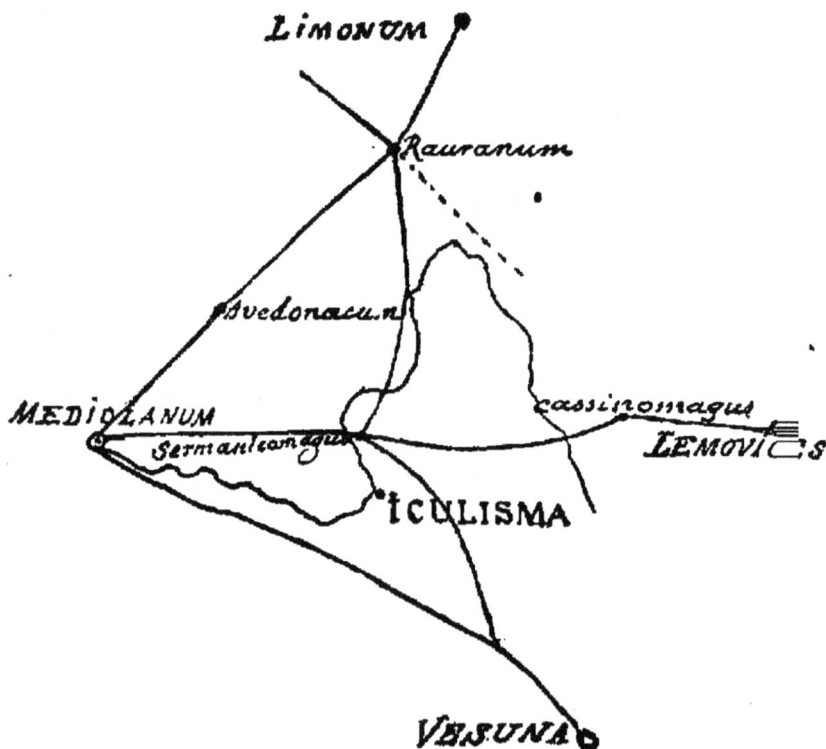

grande artère de Saintes à Lyon, presque touj_rs
rectiligne, passe à quinze kilomètres au nor_ de
chez nous, et la voie de Saintes à Périgu_x,
connue sous le nom de chemin Boisné, qui rapp_lle

ses « boisnes » ou bornes milliaires, ne se dérange pas davantage et laisse notre chef-lieu à quinze kilomètres. Angoulême, isolé, comme dit Ausone,

Iculisma... devio ac solo loco,

se trouvait dans le triangle formé par ces trois grandes lignes, reliant entre elles les quatre grandes cités voisines, Saintes, Périgueux, Limoges et Poitiers.

Les monuments dont nous avons parlé et le fait que de nombreuses maisons de plaisance avaient été bâties dans les vallées sans défenses, témoignent d'une longue période de tranquillité et de bien-être, qui fut, en effet, pour les peuples de l'empire la compensation insuffisante de leur indépendance.

Mais dès le milieu du III° siècle, la civilisation latine avait atteint les limites de sa force d'expension, et s'arrêta dès lors devant une double résistance, qui devait avoir plus tard pour résultante une autre civilisation et des nations nouvelles. Les Barbares commencent à peser sur les frontières et vont tout à l'heure déborder sur le vieux monde, y apportant comme une de ces épaisses alluvions qui étouffent la vie sous elles en même temps qu'elles rendent pour l'avenir la fécondité au sol épuisé. Ce sol est lui-même de toutes parts affouillé et remué par une infiltration d'abord inaperçue, puis inutilement combattue, qui a eu son origine en Orient. Le Dieu unique de la plus

infîme des peuplades conquises, le seul auquel
Rome n'ait pas donné place dans son Panthéon,
non sans doute qu'elle l'ait dédaigné, mais parce
qu'il ne peut être figuré et « n'habite point dans
les temples bâtis de main d'homme, » ce Dieu va
devenir le Dieu de l'empire et conquérir les Barbares eux-mêmes.

Les plus anciens témoignages certains que nous
ayons de l'existence du christianisme à Angoulême, postérieurs de cent ans peut-être à son
introduction, datent de la fin du IVᵉ ou du commencement du Vᵉ siècle et nous ont été fournis par
l'ancien champ de repos de Saint-Ausone, où la
dépouille des disciples du Christ alla sans dis-
continuité rejoindre celle de leurs ancêtres païens.

Un carreau de terre cuite, qu'on en a récemment
retiré, porte, péniblement gravée à la pointe une
inscription de laquelle il résulte qu'une femme
nommée Basille fut
inhumée le dimanche
che vingt-deux de
janvier après le
consulat d'Honorius. Tout porte à
croire que Basilie
était chrétienne, et
la date de sa mort,
qui ne peut être
antérieure à 394 ni
postérieure à 422, paraît devoir être fixée,
d'après M. de Laurière, à l'an 405.

Une pierre funéraire, exhumée du même endroit, exprime, en termes non équivoques, la croyance en Dieu et en l'immortalité :

ALOGIA VIVAS IN DEO

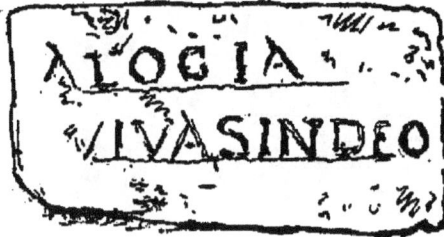

et une profession de foi analogue :

LEA VIVAS

est gravée sur un petit vase de même provenance, que possède Mme de Rencogne et qui, d'après un usage conservé du paganisme, avait été déposé à côté d'une dépouille chrétienne.

A en juger par certains caractères graphiques, les sépultures d'Alogia et de Léa sont à peu près du même temps que celle de Basilie.

C'est encore de cet ancien cimetière que pro-
vient un sarcophage dont l'une des faces, sc lptée,

représente des sarments enroulés et chaı gés de
fruits, qui sortent d'une coupe au-des=ıs de
laquelle sont deux colombes. Il ne porte ni om ni
date; mais les emblèmes et le soin avec leıuel ils
sont traités, permettent d'y reconnaître l tombeau d'un riche coreligionnaire de Basilie, e Léa
et d'Alogia. Il est moins facile de lui at ibuer
une date. Tout ce que l'on peut dire, c'est qı il est,
lui aussi, un des plus anciens et des plus c rieux
monuments de la foi nouvelle à Angoulêmc

La conversion de Constantin, vaille que aille,
avait consacré officiellement le triomphe du christ-
tianisme sur le paganisme. Pour rappeer ce
changement, l'empereur s'était fait repré=nter,
à l'entrée de son palais, une croix sur la ète et
foulant aux pieds le serpent ou génie d mal.
Nous avons là vraisemblablement l'origne et
l'explication d'un emblême figuré au por ıil de
Notre-Dame de Saintes, de Saint-Jacques d'Aubeterre et de beaucoup d'autres églises_ celui

d'un cavalier de grande taille foulant un tout petit personnage sous les pieds de sa monture. Ce triomphateur, du reste, a conservé à Saintes le nom de Constantin jusqu'au XIIe siècle, et à Aubeterre, il n'était pas autrement désigné au milieu du XVIe.

C'est probablement la même allusion qui forme le corps d'un cachet en cristal de roche, trouvé aussi à Saint-Ausone, et qui représente un infime personnage, dans une humble attitude, en présence d'un cavalier de haute stature, accosté d'une longue croix. Le bâton qu'on voit au-dessous indique sans doute que ce sceau a été à l'usage d'un ecclésiastique. Comme il n'a rien de commun avec les sceaux du moyen âge et que, d'un autre côté, le dessin en est très imparfait, nous sommes portés à croire qu'il date des derniers temps de l'empire ou du siècle qui suivit sa chûte.

Dans les premières années du Ve siècle, les Barbares débordent enfin par toutes les frontières à la fois et, vers 407, des flots de Vandales, d'Alains et de Suèves se répandent sur les provinces du sud-ouest de la Gaule. Le torrent ne s'arrête qu'au pied des Pyrénées, d'où l'énergique résistance des montagnards le fait refluer sur la Novempopulanie et l'Aquitaine, qui, pendant une année ou deux, sont mises à feu et à sang.

Les provinces chassent les agents romains,

impuissants à les défendre, et que depuis ong-
temps elle ne connaissent plus que par leur dé-
prédations. Quelques-unes, au nombre desquelles
paraît avoir été la seconde Aquitaine, essayent
de rétablir un peu de cohésion dans la socié-é, et
forment une fédération. C'est alors sans doute
qu'Angoulême se fit des remparts avec les pierres
de ses monuments. Tout y passa : les temples
furent démolis, les autels des dieux, auxquels on
ne croyait plus, furent débités et portés aux murailles, les statues des empereurs réduites en
moëllons, les chapiteaux et les corniches entassés
pêle-mêle dans les fondations.

L'enceinte ainsi formée, et qui, détruite son
tour, a rendu à diverses reprises ces matériaux
historiques, partait, au sud-ouest, de l'extrémité
du Parc, en suivait le parapet, passait sous la
façade méridionale de l'Hôtel-de-Ville, et de
l'autre côté de la tour ronde, tournait au nord-est,
pour aller rejoindre au Châtelet le rempar naturel.

Les Vandales avaient pu enfin franchi les
Pyrénées, et ravageaient maintenant l'Espagne ;
mais d'autres Barbares ne tardèrent pas les
remplacer dans le Sud-ouest. En 419, les Wisigoths,
par suite d'un arrangement avec l'empereur Honorius, prirent possession de la seconde Aquitaine.
La cité d'Angoulême, comme ses voisines, Saintes,
Poitiers, Périgueux et Bordeaux, dût livrer aux
étrangers implantés sur son territoire les leux
tiers de ses terres et le tiers de ses esclaves

Ceux qu'atteignit ce partage furent les grands, les privilégiés; les petits ne firent que changer de maîtres, et pour eux la domination Wisigothe fut même moins lourde que celle des fonctionnaires romains des derniers siècles. Un peu d'ordre et de tranquillité succédèrent à la tempête qui avait balayé la savante administration sous laquelle le peuple étouffait. Par un contact prolongé avec les peuples d'Italie et de la Gaule, les Wisigoths avaient beaucoup perdu de leur rudesse; ils s'étaient donné des lois et avaient embrassé le christianisme; mais ils étaient ariens.

Les Francs, convertis depuis dix ans et établis dans le nord de la Gaule, étaient orthodoxes. En 507, avant la fin de l'hiver, Clovis, leur chef, réunit ses hommes et leur dit : « Je supporte avec grand chagrin que ces Goths ariens possèdent une si bonne partie de la Gaule; allons, avec l'aide de Dieu, nous les vaincrons et réduirons leur terre en notre puissance; » puis il se dirigea vers le Poitou et, après avoir franchi la Vienne près de Cenon, il rencontra et battit Alaric à Moussay, sur les bords du Clain, à dix milles de Poitiers.
Poitiers tomba du coup au pouvoir des Francs. Angoulême ferma ses portes; mais, au lieu de s'arrêter devant cette place, Clovis, qui avait pour alliés les évêques et avec eux la population gallo-romaine, put, sans s'exposer, pousser jusqu'à Bordeaux. Ce ne fut que l'année suivante, après avoir soumis la Novempopulanie, qu'il s'empara d'Angoulême, dernier refuge des Goths entre la

Loire et les Pyrénées; puis il reprit le chen—n de Tours, chargé de butin et poussant devant l i des troupeaux de captifs.

Le tableau que Grégoire de Tours nous fa_t des mœurs des Francs et de leurs chefs, nous ⊂onne lieu de croire, à défaut de documents locau⊒ que l'Aquitaine ne gagna point à ce nouveau ch ngement de domination. Les Francs, c'était la l ruta- lité sauvage mise en appétit par les restes le la civilisation latine.

Après la mort de Clovis, ses états furen⊏ par- tagés entre ses fils, dont chacun eut un roy ume au nord de la Loire avec une portion des réc⊏ntes conquêtes de leur père dans le Midi. Angou ême, avec Saintes et Bordeaux, échut à Hildeber—, roi de Paris. Le royaume de Hildebert passa d puis au dernier survivant de ses frères, Chlothe qui lui-même succomba quelques années après _lais- sant quatre fils, entre lesquels se fit un nou veau partage, en 562. L'Angoumois fut alors attr—bué, avec la Saintonge et le Périgord, à Gonthra , roi d'Orléans. Ces changements, du reste, ét ient sans conséquence pour les peuples : dans ette race mérovingienne c'était toujours les m mes instincts brutaux, la même absence complè e de sens moral.

Plus éloignées de leurs maîtres, les provinc s du sud-ouest avaient peut-être moins à souff r de leurs sanglants démêlés de famille. Une fo s ou deux pourtant ces querelles les amenèren jus- qu'aux portes d'Angoulême. En 575, le duc ionthram Bose, après avoir levé des troupes da s les cantons de la Loire pour le compte du roi Sighebert, vint livrer bataille à Théodebert, fils de Hilpérik, roi de Soissons, aux abords de la Boixe. Théodebert, abandonné des siens, fut tué, et son corps apporté au monastère de Saint-Cybard.

Dix ans après, dans la lutte à laquelle donna lieu la succession de Hilpérik Iᵉʳ, Angoulême, comme plusieurs villes du Sud-ouest, ouvrit ses portes à l'aventurier Gondowald, qui se prétendait fils naturel de Clotaire Iᵉʳ, et s'était fait élever sur le bouclier à Brives. L'espoir qu'avaient les Aquitains de former sous son sceptre un état indépendant, ne fut pas de longue durée. Presque aussitôt pourchassé par Gonthram jusque dans les Pyrénées et trahi par un de ses alliés, Gondowald fut massacré après quelques mois de règne.

A la fin du VIIᵉ siècle, les Mérovingiens, abrutis, étaient à leur déclin, et du pouvoir qui leur échappait chacun retirait sa part. L'Aquitaine, sans bruit, reprenait son autonomie sous un jeune chef, nommé Eudes, d'abord duc, puis roi, qui, profitant de toutes les occasions, étendit peu à peu sa puissance sur le pays au sud de la Loire et sur la plus grande partie du Midi.

Le nouvel état vécut moins que son fondateur. Les Musulmans, maîtres de l'Espagne, avaient franchi les Pyrénées. Repoussés une première fois par Eudes, ils reparurent bientôt, et, en 732, concentrèrent leurs forces sur les bords de la Charente pour remonter ensuite vers la Loire. Il est probable qu'ils laissèrent derrière eux Angoulême, sauvé sans doute par ses remp rts et son éloignement des anciennes grandes vo≡s, qui servaient encore. Ils ne s'arrêtèrent pas n␣ plus à faire le siège de Poitiers. Les campagnes ␣eules furent dévastées. Arrivés au confluent du␣Clain et de la Vienne ou à celui de la Vienne≡et de la Creuse, ils y rencontrèrent les Frank avec Charles-Martel à leur tête. Eudes avait i␣ploré son secours, et un habile mouvement du roi ␣Aquitaine ne contribua pas peu au succès de la jo ␣rnée. Il n'y perdit pas moins son indépendance, ␣t, débarrassé des Arabes, il dut jurer fidélité ␣ leur vainqueur.

Dix ans après, à la mort de Charles, H ␣nald, fils d'Eudes, essaya de se soustraire à cett␣suzeraineté des Franks ; mais il ne tarda pas ␣ être obligé de prêter le serment de vassalité. So␣ successeur, Waïfer, ne fut pas plus heureux da␣s ses tentatives d'indépendance. Menacé de vo ␣ ses propres sujets se tourner contre lui, il se d cida, en 765, à sacrifier la partie de ses états l ␣ plus compromise ; il démantela Poitiers, Saint≡, Limoges, Angoulême et Périgueux, pour se ␣ ␣tirer derrière la Dordogne et couvrir Bordeaux e␣Toulouse. Au printemps de 766, les Franks p␣irent possession des places abandonnées et en rele␣èrent les murailles. Deux ans après, Waïfer, d␣aissé de tous et traqué comme une bête fauve ␣périt assassiné. Son frère ou son père, le vieux H␣nald, qui, ving-quatre ans auparavant, lui avait c dé le pouvoir, reparut alors sur la scène et g␣oupa encore une fois autour de lui les Aquitain≡ toujours impatients du joug des hommes du Nord, plus barbares qu'eux-mêmes. Le roi Charles arriva à Angoulême, en 769 ; de là se porta à Périgueux et dispersa les partisans d'Hunald, qui fut lui-même livré entre ses mains. Le vainqueur organisa l'Aquitaine, y envoya des comtes et d'autres hommes sûrs, sans lui enlever l'espoir de former un état distinct ; de fait, en 778, il la donna à son fils Lodwig, encore au berceau.

Après la mort de Charlemagne, l'Aquitaine supporta de plus en plus difficilement cette suzeraineté, qui n'avait plus le prestige du génie, et qui bientôt ne fut plus celle de l'empereur d'Occident, mais du roi de France, presque un égal. En 840, des difficultés entre Charles-le-Chauve et le roi d'Aquitaine, Pepin II, amenèrent la division de ce royaume en deux duchés ; mais la suprématie Franke ne fut guère mieux acceptée dans l'un que dans l'autre.

En 840 ou 841, Charles-le-Chauve envoya dans l'Aquitaine du nord plusieurs corps d'armée, dont un, sous les ordres de Raynaud, comte d'Herbauge, avait son quartier général à Angoulême. Trois ou quatre ans après, le roi lui-même alla assiéger Toulouse, capitale de l'Aquitaine méridionale. Une portion de ses forces, surprise dans un défilé par l'évêque d'Alby, à la tête des milices de son diocèse, fut détruite. A cette nouvelle, son archichapelain, Hébroin, évêque de Poitiers, se dirigea sur Toulouse avec les troupes qu'il put rassembler ; mais, le 7 juin 844, il fut arrêté par

Pépin, à son passage près d'Angoulême. Hugue,
fils naturel de Charlemagne et abbé de Saint-
Bertin, Richbot ou Ribollon, abbé de Saint-Riquier
et petit-fils de l'empereur, le comte Ravan, porte-
enseigne de la couronne, le comte Eckar, et
beaucoup d'autres personnages de renom périrent
dans cette rencontre. Raguenaire, évêque d'A-
miens, Loup, abbé de Ferrières, les comtes
Lokard, Gunthard et Engelwin, outre l'évêque
Hébroin lui-même, y furent faits prisonniers.

Le Chauve et son neveu Pepin II conclurent,
au mois de juin 845, un traité, qui, malgré les
échecs de Charles, lui donna l'Aquitaine du
nord, c'est-à-dire le Poitou, la Saintonge et Angoumois; mais la paix ne fut ni bien scrupuleuse-
ment observée ni de longue durée. Ils reprirent à
se disputer la Gaule méridionale, tandis que les
Normands, poussant toujours plus loin leurs
audacieuses incursions, saccageaient successivement Saintes, Périgueux, Limoges et Bordeaux.
Pepin, qui, sans alliés, avait eu jusqu'à deux
concurrents à la fois, ne se fit pas scrupule de se
joindre aux pirates et avec eux brûla Saint-Hilaire
de Poitiers et rançonna la ville. Turpion, comte
d'Angoulême, qui, au contraire, voulut repousser
ceux qui ravageaient les bords de la Charente,
succomba dès sa première campagne, en 863,
dans une rencontre du côté de Saintes, à la
suite de laquelle tout le pays, tombé au pouvoir
des hommes du Nord, fut mis à feu et à sang.
Ceux-ci, maîtres du fleuve, établirent dans le
voisinage un de ces campements d'où ils se por-

taient rapidement dans l'intérieur des terres, et où ils rapportaient ensuite leur butin. Ce n'est pas sans peine que les Aquitains réussirent à se débarrasser de ces hôtes dangereux.

Quand l'ennemi commun leur laissait quelque répit, les comtes se battaient entre eux. Emenon, qui avait succédé à son frère Turpion, périt deux ou trois ans après, en 866, dans une rencontre avec son voisin de Saintes. Une lettre du pape Nicolas Ier, nous apprend qu'en ce temps-là, les maîtres du pays ne valaient guère mieux que ses envahisseurs et que, comme eux, ils saccageaient les églises.

Wlgrin, à qui son parent, Charles-le-Chauve, confia les comtés d'Angoumois, de Périgord et de la Marche, bâtit les châteaux de Matha et de Marcillac, et dans ce dernier plaça un vicomte pour tenir tête aux Normands. Il entreprit en 868 de relever Angoulême de ses ruines, mais, cette même année, une famine telle se déclara dans la contrée que les gens, au dire d'un chroniqueur, en vinrent à se manger entre eux. Rien ne peut donner une idée de l'état du pays dans ce siècle. En 877, le pape Jean, transférant de Bordeaux à Bourges l'archevêque Frottier, écrivait que, par suite des courses des païens scandinaves, la province de Bordeaux était entièrement déserte.

Après cela il importe assez peu de savoir que cette même année, comme conséquence de l'avènement de son roi, Louis-le-Bègue, au trône de France, l'Aquitaine fut réunie à la couronne, et qu'elle passa depuis à Karloman, en ver█ du partage fait à Amiens, l'an 880.

Au milieu de cette désolation générale Angoulême, sur son rocher fortement rem═aré, jouissait d'une sécurité relative. Considéré c═nme inexpugnable et en tout cas à l'abri d'un co╗ de main, il fut souvent le refuge des gens du pa╙╜, et, s'il faut en croire un chroniqueur, il aurait ╓ême une fois reçu dans ses murs toute la popul tion d'Orléans. Les moines de Charroux, vers ╚ fin du xe siècle, vinrent y mettre leurs reliqu═ en sûreté. Quand ils voulurent les remportc─, le comte Audoin, espérant qu'elles lui porter ient bonheur, refusa de les rendre, et sur ce═ entrefaites une nouvelle famine dépeupla le c═nté. Ignorant et superstitieux, le peuple considé═a ce fléau comme un châtiment du ciel, irrité ═e la mauvaise foi du comte. Celui-ci, frappé lui-n ême d'une maladie de langueur, se décida enfn à rendre les reliques et la disette cessa ; ma═s il n'en dût pas moins, l'an d'après, rendre ses con═tes à Dieu.

Un autre désastre, en 981, jeta l'effroi ans Angoulême, et ajouta à la détresse des habit═nts. Quatre des églises et une grande partie ═ la ville furent détruites par un incendie, ont l'étendue fait supposer non seulement qu╜ les maisons étaient en bois, mais que les édi ces eux-mêmes, s'ils étaient en pierres, ne dev═ent pas être voûtés.

Le x⁰ siècle c'est l'anarchie, au milieu de laquelle la féodalité achève de se constituer, en même temps que les communes commencent à conquérir leurs franchises. De part et d'autre, c'est le privilège ; mais à défaut d'autre principe de cohésion sociale, les immunités des villes et le régime féodal lui-même furent un bienfait et un progrès.

Le xi⁰ siècle déjà et surtout le xii⁰ valurent mieux que ceux qui les avaient précédés. La preuve en est encore partout visible dans les monuments de ce temps qui couvrent le sol de l'ancien Angoumois. Un peuple qui construit avec art, que ce soit ses habitations, ses temples ou même des châteaux-forts, est un peuple chez qui la fortune et les charges publiques peuvent être mal réparties, mais qui a un excédant de forces à dépenser après avoir satisfait aux nécessités quotidiennes de l'existence. Dans toutes les paroisses, on bâtit ou rebâtit ; à Angoulême, on refait la cathédrale, presque neuve, mais qui ne répondait plus aux exigences du goût. Le peu que çà et là on ménagea dans les constructions antérieures, sert aujourd'hui à montrer toute l'étendue du progrès accompli en deux ou trois générations.

Cette vigoureuse renaissance, qui allait faire gagner trois siècles à la civilisation, fut arrêtée par des événements politiques, issus d'intérêts dynastiques et de combinaisons matrimoniales. En 1152, l'Aquitaine avec Eléonore, l'héritière de

son dernier duc, passa des mains du roi de France,
Louis-le-Jeune, à celles d'Henri d'Anjou qui,
peu de temps après, monta sur le trône d'Angleterre. Depuis lors, les deux couronnes se dis-
putèrent durant trois cents ans les provinces du
sud-ouest de la Gaule.

Pendant cette longue guerre, les grands feudataires, selon les circonstances, acceptent ou
secouent le joug de l'étranger, sans autre souci
que celui de leur intérêt personnel, et, à leur
exemple, le plus petit châtelain porte son hommage et sa bannière là où il compte trouver le
plus d'avantages. C'est ainsi que nous voyons
les comtes d'Angoulême tantôt dans le parti du
roi de France, tantôt dans celui du roi d'outre-
Manche. Aymar, le dernier des Taillefer, tint
pour la France et, profitant de ce que Richard-
Cœur-de-Lion était à la croisade, puis en captivité,
il essaya, avec l'aide de Geoffroi de Rancon,
seigneur de Taillebourg, d'enlever quelques places
aux Anglais. Richard, rendu à la liberté, accourut
et s'empara d'Angoulême avec grande effusion de
sang.

Aymar n'avait qu'une fille, Isabelle, dont les
romanesques mariages firent, ainsi que ceux
d'Eléonore, passer successivement l'Angoumois
dans deux maisons différentes, comme s'il se fut
agi d'un bijou de famille, ou d'une pièce du
trousseau. Isabelle avait été fiancée à Hugue le
Brun de Lusignan, et on raconte même que ses
parents l'avaient confiée toute jeune à la garde
de son futur beau-père, le comte de la Marche. Le

jour du mariage arrivé, tous les grands d'Aquitaine
étaient à Angoulême, et dans le nombre se trouvait le roi d'Angleterre, Jean-sans-Terre, qui
avait sa cour à Bordeaux. Aymar, pour faire
honneur à un tel hôte, le pria de conduire Isabelle
à la messe, les uns disent à Saint-Pierre, les
autres à Saint-Cybard. Chemin faisant, le noble
cavalier échangea tout bas quelques mots avec
elle, puis arrivé à l'autel, au lieu de la remettre
à son fiancé, il dit à l'évêque : « Epouse-moi cette
dame ; car je la veux avoir à femme, » et le prélat, intimidé par l'appareil militaire dont le roi
était entouré, consacra cette étrange union, à la
barbe de Hugue interdit et dont les invités, dit
Corlieu, « ne dansèrent point à la noce. »

Telle est la légende à laquelle donna lieu le
mariage de l'héritière du comté d'Angoulême,
qui devint ainsi reine d'Angleterre. La vérité est
moins romanesque. Vraisemblablement le prince
avait déjà vu Isabelle ; épris sans doute de ses
charmes ou tout au moins de sa dot, et sachant
d'avance à quoi s'en tenir, il avait préalablement
répudié sa première femme. La jeune Isabelle, de
son côté, ambitieuse et vaine, ne fut point insen-
sible à l'idée de porter une couronne royale, non
plus que le vieux Taillefer à l'honneur d'avoir un
roi pour gendre ; et Philippe-Auguste, enfin,
comprenant bien ou mal ses intérêts, aurait
poussé lui-même le père et la fille à revenir sur
leur parole et à sacrifier le comte de la Marche.

Après la mort de Jean, Isabelle revint à son
premier fiancé, ce qui n'impliquait point le retour

de ses terres à la France ; mais, quatre ans près, l'Angoumois, la Saintonge et le Périgord, profitant des embarras que les barons anglais suscitaient à leur roi, secouèrent le joug de l'étranger.

Il fallut depuis et plus d'une fois lui disputer de nouveau ces provinces.

Vers la fin de l'été ou dans l'automne de l'année 1345, le comte de Derby, après une campagne heureuse sur les bords de la Garonne, se dirigea tout à coup sur Angoulême et l'investit. Trop faibles pour résister longtemps et n'espérant guère un prompt secours, les habitants entrèrent aussitôt en composition. Il fut convenu que si, dans le délai d'un mois, le roi de France n'envoyait pas en Angoumois une armée capable de tenir tête à l'ennemi, ils accepteraient la domination anglaise, et, comme garantie, ils livrèrent vingt-quatre des plus notables d'entre eux, qui furent envoyés à Bordeaux. Le mois écoulé, lord Derby, qui avait mis ailleurs ce temps à profit, dépêcha deux de ses maréchaux à Angoulême, pour rappeler aux habitants leur parole. Ceux-ci « jurèrent féauté » au roi d'Angleterre et eurent leurs otages.

Philippe de Valois, qui n'avait pas su arriver à temps, expédia depuis le duc de Normandie dans les provinces envahies et s'avança lui-même jusque sous les murs d'Angoulême. « Ils l'assiégèrent, dit Froissart, tout entour ; car ils étaient tant de gens que bien le pouvaient faire. Dedans avait grand garnison de par les Anglais et un écuyer à capitaine, qui s'appelait Jean de Norwich. Et couraient les Français tout le pays que les Anglais avaient conquis, et y faisaient maint destourbier, et ramenaient souvent en leur ost des prisonniers et grandes proies, quand ils les trouvaient à point. — Voyant que ceux de la ville s'inclinaient plus aux Français que autre part et volontiers se fussent tournés, » Norwich eut crainte d'être trahi et s'avisa d'un stratagème pour sortir de la place sans conditions. La veille d'une fête de la Vierge, pendant la nuit, il se rendit seul aux remparts, fit signe de son chaperon à quelqu'un d'approcher et demanda le duc de Normandie. Celui-ci ne tarda pas à arriver et s'adressant à Norwich, accoudé aux créneaux : « Adonc, Jean, dit-il, comment va ? vous voulez vous rendre ? » Celui-ci répondit que telle n'était point son intention ; « mais je voudrais vous prier, ajouta-t-il, que, pour révérence du jour Notre-Dame, qui sera demain, vous nous accordissiez un répit à durer le jour de demain tant seulement ; par quoi les nôtres ni les vôtres ne pussent grever l'un l'autre, mais demeurassent en paix. » Le duc, qui n'y pensait que tout bien, lui accorda liement. » Le matin Norwich « fit armer tous ses compagnons, enseller leurs chevaux et trousser tout leur harnais ; et puis fit ouvrir la porte et se mit hors de la cité. Quand ceux de l'ost virent ces gens d'armes issir, si furent tout émerveillés et effrayés ; et se commença l'ost à émouvoir, car ils cuidaient que les Anglais leur vinssent courir sus. Adonc s'avança

Jean de Norwich et dit : « Seigneurs, seigneurs, souffrez-vous. Ne faites nul mal aux nôtres, car nous avons trêves ce jour d'hui tout entier, accordées par monseigneur le duc de Normandie, et de nous aussi ; et pouvons bien sur cette trève aller et chevaucher quelle part que nous voulons. » Ces nouvelles vinrent au duc, pour savoir qu'il en voulait faire. Il répondit : « Laissez-les aller, de par Dieu, quel part qu'ils voudront ; nous ne les pouvons par raison contrain re à demeurer ; je leur tiendrai ce que je leur a promis. » Les Anglais purent ainsi « sans nul dommage » traverser les lignes des assiégeants.

Le lendemain les bourgeois d'Angoulême, ivrés à eux-mêmes, ouvrirent leurs portes au duc de Normandie, qui y laissa un capitaine avec cent hommes « pour mieux garder la cité et le châtel que du temps passé n'avaient été. »

Par le traité de Brétigny, en 1360, la France, épuisée, céda à l'Angleterre toutes les provinces du sud-ouest. Le prince de Galles, surnommé le Prince-Noir, qui les reçut en apanage, vint presque aussitôt prendre possession d'Angoulême et depuis s'y tint souvent avec sa fastueuse petite cour. Ce fut une des villes où il convoqua successivement des états pour se faire voter de nouveaux impôts, que ces assemblées s'obstinaient à lui refuser ou ne lui accordaient qu'à certaines conditions. Il s'y trouvait de même, en 1370, lorsque Charles V envoya de ce côté deux grosses armées, que Du Guesclin, avec ses bandes, devait

rejoindre sous les murs de la place. Plutôt que de
se laisser investir, le Prince-Noir, épuisé et inca-
pable de monter à cheval, se mit en campagne,
« mené et charrié en litière. » Il laissa à Angoulême son sénéchal, Henri de la Haye, qui n'y fut
pas trop inquiété, les armées ayant porté leurs
efforts d'un autre côté.

La Haye était mort et n'avait pas encore
été remplacé lorsque, en 1372, après avoir
enlevé Saint-Jean-d'Angély, une troupe de cinq
cents gentilshommes Bretons, Saintongeais et
Poitevins, avec les sires de Clisson et de Pons
à sa tête, « chevaucha devers la cité d'Angoulême, qui est, dit Froissart, belle et forte et y
append un beau château. » Les Anglais, sur-
pris et décontenancés par l'absence de direction, n'essayèrent pas de résister. Le sire de
Pons, du reste, leur facilita le moyen de se rendre. Les habitants « jurèrent féauté et obéissance
au roi de France. » Les Bretons se « rafraîchi-
rent » un jour dans la ville et le lendemain par-
tirent.

Cette audacieuse petite bande rendit de même
plusieurs autres places à la France, notamment
Saintes, dont les habitants jurèrent à leur tour
d'être « bons et loyaux Français de ce jour en
avant. » La notion de patrie commençait à se
dégager des intérêts particuliers et la guerre à
devenir plus politique. Ménageant ceux qui se
soumettaient, le sire de Pons et ses compagnons
se contentaient de se refraîchir, c'est-à-dire de
se reposer pendant un jour ou deux dans les

places reprises à l'ennemi et couraient à de nouvelles conquêtes.

A la fin du mois d'août 1451 la Guyenne était complètement délivrée des Anglais. Ils y reparurent l'année suivante, secondés par une révolte d'une partie des habitants ; mais ils en furent de nouveau chassés, et en 1453 il ne leur reste plus en France que Calais.

Le pays, délivré de ses séculaires envahisseurs, se reprend enfin à vivre. Deux grands faits caractérisent la période qui s'ouvre : la Renaissance et la Réforme, avec l'imprimerie au service de l'une et de l'autre.

Dès le milieu du règne de Charles VIII une presse fonctionne à Angoulême.

En même temps que les savants et les lettrés se débarrassent des langes de la scolastique et remontent jusqu'à l'antiquité classique pour retrouver les saines traditions du goût, une révolution religieuse et morale, s'accomplit, qui elle aussi, a la prétention d'aller prendre à quatorze siècles en arrière ses points d'attache.

La réforme trouva partout faveur dans les populations. Le peuple illettré et vivant de traditions irraisonnées ne se fut guère inquié é de pures déviations de doctrines ; mais il était partout impressionné par des écarts d'un autre genre, qui démontraient aux plus simples l nécessité d'un changement.

Pendant quinze ans, au moment même où naissait en Allemagne l'homme qui devait formuler

la révolution, le diocèse d'Angoulême avait à sa
tête un grand seigneur, Robert de Luxembourg,
dont la vie ne fut rien moins qu'édifiante. On sait
ce que furent les mœurs d'Octavien de Saint-
Gelais, son successeur, et quelles en furent pour
lui-même les tristes conséquences. Un des meil-
leurs évêques d'Angoulême, A.-G. Cousseau, par-
lant de ses prédécesseurs de la première moitié
du XVIe siècle, dont il lui convient de taire les
désordres pour ne rappeler que leur incurie, a
dit « qu'ils consumaient à la cour le revenu de
leurs évêchés, où ils ne paraissaient jamais. L'un
d'eux, ajoute-t-il, nommé à vingt-deux ans, mourait deux ans après, avant d'avoir pu être sacré,
et son titre passait, comme une succession de
famille, sur la tête de son frère, qui mourut lui-
même à Rome, cardinal et ambassadeur de Charles IX, sans avoir jamais visité son église d'Angoulême. Durant quarante années, cette cathédrale n'eut pas une seule fois la consolation de
voir un seul de ses évêques. Faut-il s'étonner,
conclut l'auteur, si en l'absence du pasteur les
loups s'introduisirent dans la bergerie? »

Les révolutions, en effet, sont avant tout l'œuvre de ceux qui les rendent nécessaires. Celle du
XVIe siècle était partout préparée dans les esprits
et en voie de s'accomplir alors que nulle part en
France il n'y avait encore un réformateur pour
la formuler et la diriger. Calvin, déjà poursuivi
comme hérétique, séjourna à Angoulême vers
1533. Au dire de son adversaire Florimond de
Rœmond, « il était en bonne estime et réputa-

tion, aimé de tous ceux qui aimaient les lettres. »
Il avait alors vingt-quatre ans au plus ; austère,
ardent et déjà mûri par le travail, il ne disposait
pourtant pas encore de l'autorité qui s'attacha
plus tard à son nom, et c'est le grandir outre
mesure que de lui attribuer le grand mouvement
d'opinion qui se produisait de tous côtés, là où il
n'était pas aussi bien que là où il passait.

Tandis que les esprits étaient ainsi en travail,
une agitation toute différente se produisait dans
le pays. Depuis l'expulsion des Anglais, les provinces de l'Ouest étaient restées exemptes de la
gabelle ou impôt sur le sel. Lorsqu'on voulut les
y soumettre, vers la fin du règne de François Ier,
cette nouvelle charge y provoqua des troubles,
qui recommencèrent, plus violents, sous son successeur. Le 14 août 1548, une troupe de rebelles
se présenta devant Angoulême, démolit, à l'Houmeau, le grenier à sel et saccagea, au Gond, la
maison d'un M. de la Pougnerie. Pour éviter
d'autres excès, on leur « donna force pain et vin, »
et ils s'en allèrent rejoindre leur « couronne » à
Vars, « où se trouva de douze à treize mille personnes. » Quatre ou cinq jours après ils revinrent
et essayèrent de prendre la ville d'assaut, mais
la municipalité avait à la hâte réparé les murailles
et ils durent s'éloigner. Cette nouvelle attaque
avait peut-être pour but de reprendre le couron-
nal, capturé vers ce temps-là dans une rencontre
et qui, enfermé au château, ne tarda pas à recouvrer la liberté, bien que le gouverneur, M. de

la Rochebeaucourt eut été, sur sa propre tête, rendu responsable de sa personne.

Des troupes que la cour envoya en Angoumois à l'entrée de l'automne pour rétablir la tranquillité ne s'y comportèrent guère mieux que les mutins. On se fera une idée de la manière dont le peuple fut traité, quand on saura que les soldats ne tenaient aucun compte des lettres de sauvegarde procurées par l'évêque à ses gens, et que, à Vars, dans son propre château, il fallut, sous peine de les voir « gâter tout en sa maison et d'être bien battu, » leur livrer jusqu'aux « coqs et poulets d'Inde » que l'homme d'affaires « entretenait pour la venue de Monseigneur. »

L'évêque devait venir, en effet, une missive du roi lui ayant enjoint, en cette occurence, « de se tenir en son évêché ; » mais on ne l'y vit pas plus que devant.

Tout pourtant l'y appelait. L'hérésie s'y propageait rapidement. Partout on « mal parlait de la foi ; » le clergé lui-même était entamé. Monitoires, amendes, prisons et bûchers n'y faisaient rien.

Ce mouvement de plus en plus large, que ne pouvaient arrêter les lois les plus rigoureuses, allait s'éteindre ou s'amortir dans le sang des guerres civiles, dont le massacre d'une assemblée de protestants par les gens du duc de Guise, à Vassy, donna le signal, en 1562.

Juridiquement brûlés vifs depuis trente ans, maintenant exposés au massacre là où ils n'étaient pas en nombre pour se faire respecter, les éformés se mirent en devoir de se défendre. Le prince de Condé adressa un appel à la noblesse huguenote et lui donna rendez-vous à Orléans. Son beau-frère, le duc de La Rochefoucauld, était déjà en route pour l'y rejoindre et fut suivi de près par trois compagnies de cavaliers levés en Saintonge et en Angoumois.

Le prince protestait qu'il n'avait d'autre but que le renversement des Guise, fauteurs de la persécution, et le maintien de l'édit de janvier 1562, qui avait promis la liberté de conscience et même celle de culte dans certaines limites.

Tandis que le comte de La Rochefoucauld était sur le chemin d'Orléans, le seigneur de Marthon, son oncle, resté catholique, levait de son côté des troupes et, pourvu par l'influence des Guise de la charge de lieutenant du roi, se présentait aux portes d'Angoulême pour prendre possession de la ville. Le maire, Jean Paulte, et du Clair, capitaine du château, protestants l'un et l'autre, lui refusèrent l'entrée et appelèrent à leur aide les sieurs de Montguyon et de Saint-Seurin. Maîtres de la place, les réformés n'apportèrent aucun trouble au culte de leurs concitoyens et continuèrent eux-mêmes à tenir leurs assemblées dans un faubourg, conformément à l'édit de janvier.

Cependant le clergé, de concert avec le lieutenant civil, Arnaud, et l'avocat du roi, Rousseau, essaya de livrer la ville à Marthon. On devait lui ouvrir la porte Saint-Pierre, ce qui paraissait d'autant plus facile qu'elle était entouré de maisons appartenant à des ecclésiastiques. Quatre-vingts à cent hommes avaient été secrètement apostés dans le clocher de la cathédrale pour aider au coup de main ; mais avant qu'ils eussent été approvisionnés du nécessaire l'éveil était donné. Les maisons du quartier furent occupées et l'entreprise n'eut d'autre effet que d'amener une capitulation portant que les conjurés, « s'ils voulaient demeurer dans la ville faire le pourraient, en étant destitués de toutes armes, ou bien qu'ils pourraient sortir avec l'épée seulement, sans que mal aucun fût fait à leurs gens d'église, en leurs personnes ni en leurs biens. »

Sauvée pour le moment du fanatisme de Marthon, la ville était exposée à un autre. Comme toutes les révolutions légitimes qui, après avoir été longtemps comprimées, font violemment explosion, la réforme courait maintenant un double danger : à sa suite se mettaient les turbulents, les mécontents de toute espèce, et à sa tête les exaltés, les ambitieux, ceux qui parfois avaient souffert, mais plus souvent encore des gens qui prétendaient venger le sang des martyrs, avec lesquels ils n'avaient rien de commun.

Vers le milieu de mai une bande de Gascons indisciplinés et fanatiques traversa l'Angoumois, se dirigeant vers Orléans, en commettant sur sa route toutes sortes d'excès. Les églises d'Aubeterre et de la Couronne furent pillées. Arrivés à Angoulême, la veille de la Pentecôte, ils y « brisèrent les autels et les images comme

ailleurs, encore qu'on leur remontrât, dit Th. de
Bèze, que, en ce faisant, ils transgressaient
l'édit de janvier, pour l'entretènement duquel ils se
disaient avoir pris les armes. Ayant rompu le
sépulcre du comte Jean d'Angoulême, ayeul du
grand roi François Ier, ils jetèrent même le corps
tout sec et toutefois entier hors de son cercueil
de plomb, dont ils firent des boulets ; même peu
s'en fallut qu'ils ne le brûlassent, ayant entendu,
comme il était vrai, que le peuple autrefois en
avait fait une idole et qu'il n'avait tenu qu'au
grand roi François Ier qu'il ne fût mis au rang
des saints canonisés. »

Le feu fut mis aux papiers du chapitre cathé-
dral, entassés dans la rue, et avec les censiers et
les registres des dîmes, les flammes durant trois
jours dévorèrent les documents les plus précieux
pour l'histoire.

De son côté, Marthon, furieux de n'avoir pu
entrer dans Angoulême, saccageait à la campa-
pagne, les maisons des gentilshommes huguenots,
qui avaient suivi la Rochefoucauld à Orléans.
Secondé par un soudard appelé ou surnommé la
Barbe-Saint-Crespin, il s'attaqua d'abord au logis
du sieur Bouche, où ils commirent des violences
qu'il n'est pas possible de rapporter. A Seuil, il
n'y eut pas d'excès contre les personnes, parce
que, à l'arrivée de la bande, le logis était vide.
Le château de Nanteuil fut mis à sac. A Voulzan,
dont le seigneur était un ennemi personnel,
Marthon et sa suite « pillèrent jusques aux ser-

rures; rompant tout ce qu'ils ne pouvaient emporter, ils défoncèrent les tonneaux en la cave, prirent et brûlèrent tous les titres et papiers qu'ils purent rencontrer, voire même coupèrent les blés qui étaient sur terre. » M. de Vouzan était comme les autres parti pour Orléans; sa femme, ses filles et sa belle-sœur, madame de la Bergerie, à l'approche de leur effrayant voisin, avaient quitté la maison pour se cacher dans les bois. Le soir, elles couchèrent dans une ferme, et le lendemain, déguisées en paysannes, elles purent se réfugier à Angoulême.

C'était maintenant presque une guerre de famille, que cette abominable lutte. Le comte de la Rochefoucauld avait emmené avec lui la noblesse huguenote d'Angoumois; Marthon, son oncle, s'était mis à la tête des catholiques; un troisième la Rochefoucault, le seigneur de Montguyon, qui avec le sieur de Saint-Seurin, commandait dans Angoulême, avait appelé des secours de Saintonge et de Périgord, pour protéger les protestants et donner la chasse à son parent. Après avoir ainsi rallié sept milles hommes, Montguyon et Saint-Seurin allèrent, le 14 juin, déloger Marthon de Châteauneuf. Mais le 4 août, en apprenant que Poitiers avait ouvert ses portes au maréchal de Saint-André, les protestants d'Angoulême, qui n'étaient pas en état de soutenir un siège, avec une partie de la population contre eux, rendirent la place à la première sommation du sieur de Sansac. Il fut convenu qu'ils « n'au-

raient aucun mal ; » mais, ne s'y fiant pas tous
ceux qui le purent délogèrent dans la nuit — avec
grand désordre et confusion. » Le mati , en
effet, Marthon arrivait, et le lendemain Sansac
faisait son entrée.

Les réformés restés dans la ville furent dès
lors pillés, rançonnés et maltraités de toutes les
façons ; on les traîna à la messe ou on les y
conduisit à coups de bâton, et tous leurs enfants
de moins de deux ans furent rebaptisés Les
compagnies de Brissac et d'Arderay allèrent
jusqu'à quatre lieues d'Angoulême saccager la
maison du sieur de Fleurac, dont la femme
pourtant était parente de Sansac, mais qui était
comme ministre l'objet d'une animosité particulière.

Dans une expédition de ce genre, le sieur de
Macqueville surprit, à une lieue de la ville, trois
femmes de qualité, » qui furent livrées à la bru-
talité des soldats, et deux hommes qu'on amena
dans les prisons d'Angoulême, d'où on les tira la
semaine suivante pour les pendre en même
temps que trois autres protestants, Laurent Malat,
Paul Mussault et Mathurin Feugaut. Quelques
jours après, on en étrangla encore quatre, et on
termina par le supplice du bourreau, qui avait
refusé de procéder à ces exécutions.

Même après la paix, les réformés n'osèrent pas
rentrer dans leurs foyers.

Cette paix, du reste, ne fut pas de longue
durée. Les huguenots, à qui la nécessité avait

remis les armes à la main, résolurent, en 1568, de reprendre Angoulême pour tenir en respect tout le pays environnant. Le marquis de Mézières y avait réuni une partie de la noblesse catholique de la province. Montgommery, qui commandait l'artillerie des assiégeants, commença par battre en brèche quelques ouvrages au dessous du château, et tenta l'assaut sans succès. Il songeait à lever le siège pour se porter à la rencontre des renforts qui lui arrivaient du Midi, lorsqu'il fut averti que, de son côté, la garnison perdait courage. Il transporta alors ses batteries à Saint-Ausone, hissa quelques pièces dans le clocher, et fit crouler une partie de la muraille voisine. Aussitôt, en effet, les assiégés lui firent faire des propositions. Il fut convenu qu'ils sorti·raient « armes et bagues sauves, les gentilshommes avec le courtaut, et les soldats avec l'épée seule. » On leur tint parole; mais après le départ des chefs, il y eut des représailles terribles contre les fauteurs, bien connus, de la persécution. Le lieutenant général Arnaud, fut trouvé pendu dans sa maison; l'ancien lieutenant criminel étant mort, quelques forcenés se vengèrent sur sa veuve. Deux cordeliers furent étranglés; un chanoine succomba aux brutalités d'un officier, et une rançon de douze mille livres fut exigée du chapitre, dont les membres durent tenir prison jusqu'à parfait paiement. Deux d'entre eux y moururent.

Le quartier de Saint-Pierre, le plus exposé aux boulets des assiégés, avait beaucoup souffert.

Aux ruines amoncelées de ce côté s'ajout rent, quelques mois après, celles du grand clocher de la cathédrale, qui fut abattu ou croula par suite de l'état dans lequel l'avaient mis les projectiles des assiégeants.

Après la défaite de Jarnac, en 1569, les p otestants essayèrent de se maintenir dans Ango lême et d'y concentrer une partie de leurs forces. Montgommery y accourut de Cognac, avec quatorze cornettes, dont trois ou quatre n'avaient pas encore eu le temps de franchir le pont levis lorsque le comte de Brissac, qui les poursuivait, les rejoignit sous les murs mêmes de la ville, et les culbuta dans le fossé.

Angoulême fut une des places de sureté que Henri III, au mois de novembre 1575, p omit de donner à son frère, le duc d'Alençon, chef du parti des malcontents ; mais ce gage ne fut point livré. Les habitants, en général, inclinaient à la Ligue et l'évêque, invité par la reine-mère à se conformer à la convention, n'hésita pas lui répondre en leur nom « de prendre en bonne part s'ils n'acquiesçaient pas à son comm ndement. » Et de fait, lorsque le duc de Monpensier, chargé d'exécuter le traité, fit annoncer qu'il allait arriver, le gouverneur, Philipp de Volvire, refusa de recevoir ses envoyés. Le 8 décembre le duc était en personne dans le faubourg, d'où il dépêcha un de ses gentilshommes, qui ne fut pas mieux accueilli. Il se pré enta enfin lui-même à la porte du Palet et durant plusieurs heures se morfondit à attendre sur le bord du fossé, où il « fut vu d'une infinité de ceux de la ville, dont pas un, dit-il, ne fut si honnête de lui lever son chapeau. » Confus et furieux, il se retira chez M. d'Argence, à Fissac, d'où il écrivit à la reine-mère pour se plaindre de cet affront. En apprenant la mésaventure du prince chargé de faire respecter la parole du roi, Henri III trouva la chose si plaisante qu'il en faillit mourir de rire.

Le triomphe de la Sainte-Union, en 1585, amena de nouvelles violences contre les réformés. Non seulement leur culte resta interdit, mais l'évêque, Charles de Bony, leur fit présenter une confession de foi à signer, et on se porta aux dernières extrémités contre ceux que leur passé désignait particulièrement à la haine des ligueurs. Thomas Géraud, sieur de la Mothe-Charente, qui, après avoir été chanoine, s'était converti au protestantisme, fut, de ce chef, condamné à mort et exécuté.

Quelque lamentables qu'aient été ces luttes du XVIe siècle, du moins faut-il reconnaître qu'alors on s'égorgeait pour une idée ; c'était l'unité et l'absolutisme qui se défendaient contre la liberté, le passé qui se débattait contre l'avenir. Même vaincue, la minorité, à la dernière pause d'armes, obtenait un édit qui était la reconnaissance partielle de son droit : le sang versé n'avait pas été perdu.

Rien de semblable dans les stériles agit tions
du siècle suivant, où quelques grandes familles,
seules en scène, ne se disputent plus que la
livrée du maître, et troublent la nation sans la
passionner. En réalité, pour ces vieilles lignées,
maintenant asservies à la cour, l'histoire est
close, de même que celle des provinces, avait
pris fin par leur annexion à la couronne. Juant
aux villes, à mesure que leurs anciens privilèges
font place à la loi commune, elles cessent aussi
d'avoir une histoire, ou n'en ont plus d'autre que
celle de leur développement.

Angoulême, à travers des guerres sans cesse
renouvelées, avait peu à peu grandi. C'était
même dans les temps les plus troublés que sa
population s'accroissait, pour diminuer, il est
vrai, dès que l'espoir d'un peu de tranquillité
ramenait aux champs ceux qui avaient cherché
la sécurité derrière ses remparts.

Au milieu du XIIIe siècle, la ville n'était pas encore sortie de sa vieille enceinte wisigothe,
qu'on avait seulement réparée à diverses eprises,
ses, notamment à l'époque des invasions nor-
mandes. Au nord, le mur, partout assis sur le
rocher, prenait à l'ancien château, appelé depuis
le Châtelet, suivait les sinuosités du plateau jusqu'à son extrémité, revenait, au midi, passe près
de la cathédrale et à cent ou cent cinquante pas
plus loin quittait le bord du coteau pour le couper en travers, allant d'abord en ligne droite

jusqu'au point où s'éleva dans la suite la tour ronde du nouveau château et de là rejoignant le Châtelet.

Plusieurs portes donnaient accès dans la ville ainsi limitée : au nord, celle du Palet, sur laquelle on grava plus tard cette devise : FORTITUDO MEA FIDES CIVIUM, en présence de laquelle on ne pouvait s'empêcher de songer que les fortes murailles qui, à droite et à gauche, couronnaient le rocher et ce rocher lui-même étaient bien aussi pour quelque chose dans la sécurité de la place ; plus loin la porte de l'Arc, appelée depuis porte Aiguière, parce qu'elle permettait d'aller à l'eau au moyen d'un sentier qui descendait à Saint-Cybard; à l'ouest, celle de Beaulieu ; au midi, celles de Saint-Pierre et de Saint-Vincent ; à l'est, dans le mur transversal, la porte Périgorge ou du Crucifix ; et, enfin, à côté du Châtelet, la porte de Nantron, ouvrant, comme la précédente, sur le bourg de Saint-Martial.

Vers la fin du XIIIᵉ siècle, la comtesse Jeanne de Fougères réunit ce bourg à la cité par un mur qui passait derrière le chevet de l'église et dans lequel on ménagea trois portes, celles de Chande, de Saint-Martial et du Sauvaget.

C'est à peu près dans ce temps aussi que le parc du nouveau château fut entouré d'une muraille qui, sur une longueur de quatre cents toises, constitua pour la ville une première ligne de défense. Une porte, dite du Secours, mettait au sud-ouest la demeure des comtes en communication avec la vallée de l'Anguienne.

En 1573, le côté de Saint-Martial, qu. seul n'avait point de remparts naturels, fut pourvu d'une seconde muraille en avant de la première, et même d'une troisième dans les endroits les plus exposés.

Les gens de deux lieues à la ronde étaient tenus de contribuer à la garde et à l'entretien des remparts.

L'ensemble de ses fortifications, ajouté à sa situation, faisait d'Angoulême, en ce temps-là, une place de premier ordre. « La ville, dit la Popellinière, est petite et bien serrée, étendue sur le faîte d'une haute montagne, laquelle est si roide qu'elle ne donne aucune avenue pour l'accoster, fors du côté du Limousin, par lequel la plaine court jusques à la porte qui mène à la Rochebeaucourt. De tous les autres endroits, ce ne sont que rocs et pentes de murailles inaccessibles, pour si peu défendues qu'elles soient. L'autre porte, qui conduit à la Rochelle, est défendue tant par le naturel du lieu, qui est un pendant fort bas et roide, que par main d'homme ; car, outre les doubles portes et murailles, il y a devant la première une grande et large plate-forme, bien fondée et étoffée, si bien défendue et parapetée de tous côtés qu'on n'en saurait approcher qu'à son grand désavantage. De la lettre, elle est si élevée sur la plaine, où elle commande, que les assiégés n'en feraient que rire. Plusieurs endroits moins défensables ont leurs doubles murailles, revêtues de leurs fausses-braies.Et le tout de bonne et ancienne étoffe, tellement qu'encore qu'il y eut brèche raisonnable, pour si peu que les assiégés la rempareraient, elle se défendrait d'elle-même, d'autant que le soldat serait déjà las premier de l'avoir franchie. Le plus faible endroit, c'est la porte de Limoges, qui est plaine; mais elle a ses murailles triples et bonnes. Au reste, aucun lieu de son contour ne lui commande; c'est pourquoi elle est estimée une des plus fortes places du royaume, et dit-on· qu'elle ne fut jamais prise par force, mais deux fois seulement par composition. »

Défiant malgré sa force, Angoulême n'ouvrait jamais toutes ses portes à la fois. Il en est, du reste, qui n'étaient que de simples poternes ; d'autres qu'on trouve toujours murées. Il n'y en a que trois, même en pleine paix, qui soient habituellement ouvertes : le Palet, Saint-Pierre et Saint-Martial. Le maire en avait les clefs. Quand le roi passait à Angoulême, il les lui présentait, mais elles lui étaient aussitôt rendues.

Une quinzaine de tours, les unes rondes, les autres carrées, couronnaient les remparts, et de loin ajoutaient à leur aspect imposant. Celles qui flanquaient ou surmontaient les portes servaient à en loger les gardiens. En temps ordinaire on affermait les autres. Quelques-unes ont eu à diverses époques une affectation spéciale. En 1662, la ville mit la tour de la principale porte de Saint-Martial à la disposition de certaines « personnes

pieuses » pour y enfermer, à leur gré et   leur
compte, de pauvres déclassées sur lesquelle= l'autorité a toujours joui d'un pouvoir discrétio=aire.
Ce genre de charité, découragé peut-êt= par
l'expérience, se lassa sans doute ; car une vin_taine
d'années après, le maire, au lieu de faire inca=érer
ces malheureuses, les faisait exposer, da= une
cage, aux regards du public. La tour de C ande
au XVIᵉ siècle, et celle du Sauvaget au XVII , servaient de logement au bourreau. Comn = les
exécutions étaient rares et les émoluments nsuf-
fisants, les échevins l'avaient, en outre, au=risé,
pour se réchauffer sous sa voûte solita=e, à
prendre une bûche par charge de bois entr= t en
ville. Redouté à l'égal des sorciers, le lu ubre
fonctionnaire, auquel personne n'aurait o—= refuser ce léger tribut, étendit peu à pe ses
exigences, si bien qu'au milieu du XVIIIᵉ siè=e, le
maître des œuvres avait à chaque porte u pré-
posé qui taxait toutes les denrées, les mar han-
dises, les chevaux et les voitures.

La ville, dans sa lente croissance, n'ava■ pas
beaucoup changé de physionomie. En réun=sant
et rapprochant les détails épars dans les dé=éra-
tions de l'échevinage aux XVIᵉ et XVIIᵉ siècl=, on
arrive à se faire une idée de ce qu'elle était al—s et,
par suite, de ce qu'elle devait être au moye=âge.

Gênée au sud-est par le château et ses d pendances, la population s'agglomère vers le nord
du plateau, autour du Châtelet et de la lace
du Palet ; c'est le quartier industrieux et =our-

geois. Elle devient moins dense à mesure qu'on s'approche de l'extrémité du coteau. Les alentours de Saint-Pierre, où il y a cinq églises groupées sur un espace de deux cents pas de long et cent de large, sont habités principalement par les ecclésiastiques et leurs gens.

« Les rues sont tortes, dit Corlieu, et les maisons sans ordre. » Celles-ci sont, en outre, étroites et basses ; elles ont parfois un appentis où logent des animaux domestiques, qu'on laisse vaguer dans le quartier. La plupart des habitants n'ont que la voie publique pour déposer leurs immondices : les venelles en sont encombrées ; l'évêque lui-même fait porter sur la place « le fient » de ses écuries. Les voisins des remparts, n'ayant pas chez eux ce qui pendant longtemps manqua même à Versailles, allaient près du parapet et le rendaient inabordable.

Déjà étroites et sombres, les rues sont encore çà et là rétrécies par un étage en bois qui surplombe le rez-de-chaussée. Les charrettes ne passent pas partout. Le piéton lui-même a des précautions à prendre ; il doit se garer des étaux placés devant les boutiques, et veiller à ne pas se heurter à des auvents posés trop bas. Il lui faut songer à ses pas en même temps qu'à sa tête : les caves ont des regards horizontaux, avançant jusqu'au tiers de la rue, et fermés de trappes en bois, qui pourrissent à la longue et cèdent un jour sous le poids des passants. Des cavaliers même y sont tombés et des charrettes y ont engagé une de leurs roues. Les tuiles versent en détail l'eau des

toitures, à moins qu'une gargouille ne la jette
à flot dans la rue, non pavée, qui se transforme
alors en torrent ou en bourbier. Près des portes,
en dehors des murailles, la municipalité entre-
tient des « bousines » ou fosses destinées, comme
leur nom l'indique, à recevoir les boues amenées
par les pluies ; c'est à peu près tout ce qu'elle fait
pour la voirie. La nuit, quand il n'y a pas de lune,
la ville est dans les ténèbres.

Dans le premier quart du xvie siècle on essaie
d'obliger les habitants à paver et à ne toyer
devant chez eux ; et les maires, au lendemain de
leur élection, mettent dans leur programme l'achat
d'un tombereau pour transporter les immondices
hors des murs, après quoi chacun laisse à son
successeur l'honneur de réaliser ce progrès.
Quant à l'éclairage, ce n'est qu'en 1776, à la suite
d'attaques et de désordres nocturnes de toute
sorte, que les échevins votent, à titre d'essai,
l'acquisition de trois lanternes à reverbères. Deux
ans et demi après on parle de les poser.

Angoulême, depuis le moyen âge avait continué à s'étendre. A l'ouest, il se prolonge vers
Beaulieu, où se trouvaient encore au xvie siècle,
non seulement des jardins, mais des champs et
des vignes. A l'est, le chemin qui de la porte
Périgorge allait vers Saint-Martial achève de se
garnir de maisons et devient une rue. Si la ville,
dont le budget suffit à peine à l'entretien dispen-
dieux de ses remparts, ne peut rien faire pour
s'embellir, quelques particuliers se bâtissent dans
le style de la Renaissance de confortables habi-

MAISON SAINT-SIMON

tations, qui sont en même temps un ornement
pour la cité. A Beaulieu, les Saint-Gelais édifient

un petit château, qui longtemps a témoigné de
leur goût pour les arts. Dans les anciens quartiers
des constructions faites sans autre préoccuuation
que celle de se loger sont remplacées par d'élé-
gants hôtels, dont celui des Saint-Simon peut
encore, malgré son délabrement, nous donner
une idée.

Angoulême jusque-là n'avait pas une seule
place que l'on pût considérer comme un lieu de
promenade. Des halles couvraient presque entièrement celles du Palet, du Minage et du
Marché-Vieux, d'ailleurs très étroites, et les mar-
chés qui s'y tenaient, refluant dans les rues voisines,
étaient pour ces quartiers tout autre chose qu'un
agrément.

En 1562, pendant l'occupation huguenot , les
clôtures des Jacobins furent abattues, et de leur
jardin on fit une place, exigue et irrégulière mais
centrale, à laquelle un mûrier donna son nom, et
qui, durant un siècle et demi, fut le seul ren dez-
vous des désœuvrés.

La promenade de Beaulieu doit son existence à
M. de Bernage, intendant de Limoges, qui se
tenait souvent à Angoulême. Il avait remarqué
tout le parti qu'on pouvait tirer de cette situation
exceptionnelle, et, en 1699, de concert avec la
municipalité, il fit faire les travaux de terrasse-
ment et commencer les plantations.

Le comte d'Artois, apanagiste du duché d'Angoulême, autorisé, en 1778, à aliéner les dépendances du château, en acensa le parc, divisé

en parcelles, mais réserva la partie contigue à l'ancien mur de la ville, pour en faire une promenade, plus centrale que Beaulieu et qui jouit d'une vue presque aussi étendue.

Quant au reste du parc, il s'est lentement couvert de constructions, et ce n'est qu'au sortir de la Révolution que furent tracées la plupart des rues qui en ont fait le plus beau quartier de la ville.

Depuis un siècle, Angoulême a enfin forcé la vieille enceinte qui si longtemps l'avait protégé, et qui ne faisait plus que gêner son développement. Les portes ont été successivement démolies, et les remparts, au bord desquels un parapet a remplacé la muraille crénelée, forment maintenant autour de la cité comme une galerie continue, d'où elle assiste à l'activité industrielle et à l'incessante extension de ses faubourgs. A l'ouest et au midi, la ville descend peu à peu le long des pentes, où d'anciens chemins, rectifiés et élargis, se bordent de maisons, qui, les unes par dessus les autres, regardent la campagne. De l'autre côté, l'Houmeau, en grandissant, a fini par joindre le plateau; mais depuis le milieu du siècle sa prospérité se ralentit. A l'orient, au contraire, la Bussatte, autrefois misérable, progresse, lentement d'abord, puis très rapidement dès qu'on l'a dotée d'une garnison considérable.

Angoulême, jusqu'au XIXᵉ siècle, a manqué d'eau. C'était sa grande privation et la principale

cause de la lenteur de son accroissement Les
ingénieurs romains eux - mêmes n'avaien pu
trouver moyen de l'en pourvoir, parce que, ı dix
lieues à la ronde, il n'y a pas une source d'un
débit suffisant et à une altitude convenable pour
qu'on puisse, par un simple aqueduc, en amener
l'eau sur le plateau. Il y avait bien dans la ville
quelques puits, peu abondants, et un certain ıombre de citernes, qu'on s'empressait de curer lor que,
l'ennemi étant aux champs, on se croyait menacé
d'un siège. Le plus maigre filet d'eau sur les p ntes
avait aussi été soigneusement capté ; mas la
plupart des habitants étaient obligés de descendre
puiser au pied du coteau, y laver leur lin e et
abreuver leur bétail. Les quartiers du ıord
allaient à la fontaine du Palet, dans la vall e de
la Charente ; ceux du sud, à la fontaine de Saint-
Pierre, près de l'Anguienne ; Saint-Martial de cen-
dait à la source de Chande ou à celle d'Aubesine.

Ces sources, elles aussi, ont une sorte d'histoire, confusément conservée par la traditi n et
qui remonte au temps des Gaulois. La fon aine
d'Aubesine est une ancienne source sacrée, ui a
encore ses croyants, mais où la vierge a 'em-
placé le génie topique. A mi-côte à l'oue du
plateau, la maigre fontaine de Saint-Augustin, a
été un but de pèlerinage jusqu'au moment où on
en a détourné l'eau dans une propriété pariicu-
lière. Au-dessus de la fontaine du Palet, qui
primitivement a porté le nom de Saint-Pierr , on
voyait encore au XVIᵉ siècle un édicule ıont
l'existence se rattachait vraisemblablement à un

culte païen. On peut en dire autant de celle de Saint-Cybard, où, à côté de la source, appelée tantôt la font de Saint-Syon, tantôt la font de Folie, se trouvait une chapelle dédiée à Saint-Yrède ou Yrieix, distincte de celle du monastère, qu'elle touchait presque.

En 1592, la ville eut l'espoir qu'on pourrait trouver le cours de cette source de Saint-Cybard au pied même du rempart, et fit pour y parvenir des travaux assez considérables ; mais on était loin encore du jour où le plateau devait avoir de l'eau aussi commodément.

En l'an IV, un entrepreneur offrit de faire arriver celle des fontaines de Chande et du Palet sur la place du Murier, au moyen d'une machine hydraulique ; mais le conseil municipal ne put qu'ordonner le dépôt du projet aux archives, faute d'argent pour l'exécuter. En 1829, on eut l'idée de faire à Beaulieu un puits artésien, sans avoir suffisamment recherché si la constitution géologique du sol permettait d'espérer le succès. Le forage, poussé à environ deux cents pieds, fut abandonné en 1832 ; mais, à ce moment même, un projet sérieux était à l'étude, et, dès l'année suivante, sous l'administration de M. Bellamy, un ingénieur de Béziers, M. Cordier, établissait à Saint-Cybard une machine hydraulique, qui fit enfin jaillir l'eau sur le point le plus élevé du plateau. Ce fut pour la ville un événement, et non le moins important de son histoire. Aujourd'hui, deux puissantes machines à vapeur aident celle de Saint-Cybard à approvisionner les divers quartiers, et, sous ce rapport, Angoulême n'aurait plus rien à désirer si, au lieu de prendre l'eau de la Charente au dessous des égoûts de la ville, et celle de la Touvre en aval des usines à papier, on allait puiser celle-ci à la source même ou celle de la Charente en amont du confluent des leux rivières.

LA COMMUNE

LES ANCIENS HOTELS DE VILLE ET LE NOUVEAU

L'ancienne constitution communale d'Angoulême paraît se rattacher à un municipe romain. « C'était, dit Augustin Thierry, une des villes qui, avec Reims, Bourges, Toulouse et Marseille, se vantaient d'être en possession d'un droit de justice antérieur à la monarchie. » Celle-ci dut même un jour s'incliner devant cette prétention. Charles IX, par l'édit de Moulins, avait cru pouvoir retirer aux corporations municipales le droit de juridiction civile que ses prédécesseurs leur avaient concédé. Angoulême défendit son privilège, en se fondant sur une possession immémoriale, et le parlement lui donna gain de cause.

Le droit romain, passé à l'état de coutume, avait continué à régir nos contrées : les anciennes organisations, plus ou moins altérées, s'étaient perpétuées, et il est probable que celle de la cité, dès le début du moyen âge, s'était combiné avec la féodalité. Les comtes, souvent appelés consuls dans les documents des XIe et XIIe siècles, o t dû à cette époque remplir la première charge municipale.

Angoulême bénéficia sans doute des progrès que firent les communes de l'Ouest au commencement du XIIIe siècle. C'est, en tout cas, à cette date que nous reporte la plus ancienne mention d'un maire.

Charles V, rentré en possession d'Angoulême, lui accorda une charte de commune, qui n était ni la consécration ni une extension des anci nnes libertés locales, mais l'importation d'un régime nouveau.

Elle se compose, en effet, du statut communal de Rouen et des « usages, coutumes, liber és et priviléges » de Saint-Jean-d'Angély, auxquels le roi ajouta seulement quelques articles pour Angoulême.

Le tout forme un ensemble incohérent, où, à la suite de la composition du corps de ville, se trouvent un règlement d'ordre intérieur pour ses séances, des articles de procédure criminelle, des dispositions pénales, des usages locau , des ordonnances de police, le mode de taxati n du pain, etc. Ce qu'on y chercherait en vain c'est la définition des franchises communales. voir le soin minutieux avec lequel certains détails sont réglementés, on serait même porté à roire que la charte avait pour but de restreindre des libertés existantes plutôt que d'en accorder si on

ne savait que là où n'existaient pas de statuts de
ce genre c'était l'arbitraire qui régnait.

A Angoulême, comme à Rouen, le corps de
ville comprenait le maire, douze échevins, composant une commission exécutive, douze conseillers, formant le conseil ordinaire, et soixante-
quinze pairs, appelés à délibérer seulement dans
les assemblées générales. Ce cadre, emprunté à
une grande ville, était difficile à remplir à Angoulême et il en résulta que la majorité de ceux
qui entraient au corps de ville étaient hors d'état
d'y rendre aucun service.

Ce corps se recrutait lui-même, en appelant
dans son sein les bourgeois qui se recomman-
daient à son choix par leur mérite ou autrement.
Tout nouveau pair devait donner à la ville une
arbalète ; tout conseiller ou échevin nouvellement
promu était tenu de fournir une brigandine.

Le corps de ville entier se réunissait en séance
ordinaire une fois par mois, d'où le nom de maisée donné à ces assemblées.

Le statut de Rouen confère au corps de ville
une juridiction et édicte des peines pour quelques
crimes ou délits, dont un au moins est assez singulier. Si une femme est querelleuse ou médi-
sante, y est-il dit, qu'on lui passe une corde sous
les aisselles et qu'on la plonge trois fois dans
l'eau.

La juridiction municipale n'est pas définie. En
fait, elle n'avait guères de limites que celles

qu'elle rencontrait dans d'autres priviléges. Ainsi elle ne paraît pas s'être exercée sur les clercs et les nobles; mais si l'un d'eux, débiteur envers un habitant de la ville et en contestation avec son créancier, refusait de reconnaitre le maire pour juge, celui-ci, d'après le statut de Rouen, pouvait l'atteindre indirectement en interdisant à ses administrés de le recevoir chez eux et de lui vendre quoi que ce fût.

Au nombre des libertés concédées à Saint-Jean-d'Angély et étendues à Angoulême se trouvent pour les bourgeois celles de tester et de marier leurs enfants à leur gré.

Par une simple addition à la charte de Saint-Jean, Charles V régla les différents modes d'élection du maire, à savoir, par acclamation, par scrutin, par délégation ou compromis. Le dimanche avant Pâques, époque approximative du renouvellement de l'année, les membres du corps de ville, convoqués par « le grand sain de la commune, bien lalent d'une lieue et sain sonnant, » se réunissaient et, par l'une des voies ci-dessus, formaient une liste de trois candidats, pris indifféremment parmi les échevins, les conseillers et les pairs. Le maire présentait les élus et les clés de la ville au sénéchal, qui, dans cette liste, lui choisissait un successeur, auquel il remettait les clés.

Le chef du corps municipal commandait la milice bourgeoise et à sa qualité de maire ajoutait celle de capitaine de la ville.

Après une année d'exercice il devenait sousmaire et dans le conseil siégeait à part, au-dessous du maire.

Aux concessions primitives les successeurs de Charles V, pendant un siècle et demi, ajoutèrent de nouveaux avantages. En 1461, Louis XI exempta la ville et les faubourgs de toutes tailles et impôts. Ce privilége, accordé à la demande du comte Jean, était motivé sur ce que, depuis la fin des guerres, la population émigrait à la campagne et que, pour la défense de la place, il importait, au moyen de quelques avantages, de retenir les habitants, dont le nombre avait déjà diminué de moitié.

En 1483 on n'avait plus à craindre les Anglais; mais le comte Charles d'Orléans fit valoir que la ville ne saurait se relever sans aide, « parce qu'elle est à l'écart en lieu où passent nuls marchands ne autres gens, au moins que bien peu; » et l'exemption d'impôts fut confirmée.

Louis XII, en 1507, octroya la noblesse héréditaire aux maire, échevins et conseillers.

Mais, depuis le XVIᵉ siècle, la royauté retira indirectement une grande partie des concessions qu'elle avait faites. Dans ses fréquents besoins d'argent, elle porta d'abord atteinte au plus réel des priviléges, l'exemption de charges, accordée non seulement aux membres de la corporation communale dans l'étendue des franchises, mais aux échevins, aux conseillers et aux pairs pour les biens qu'ils possédaient ailleurs. Chaque fois que, sous des formes et des appellations div rses, de nouveaux impôts venaient frapper la ville, elle envoyait au roi ses doléances et invoquait ses chartes, de plus en plus caduques.

Le corps de ville se montra moins sensible aux atteintes portées à son droit de limiter le pouvoir royal dans le choix du maire. Tant que les comtes résidèrent à Angoulême ou s'intéressèrent de loin à ce qui s'y passait on prit généralement leur avis avant de procéder à la présentation des trois candidats, et plus tard on eut la même référence pour les sénéchaux et les gouverneurs. A la fin du XVI⁰ siècle, le duc d'Epernon, qui tenait à faire acte d'autorité même quand il n'en était pas besoin, dicta brutalement ses préférences, tant pour la mairie que pour les divers offices municipaux. Le corps de ville, peu à peu rempli de ses créatures, tomba à un tel degré de servilité qu'en 1606 le maire, avant l'élection de son successeur, écrivait au gouverneur « afin qu'il lui plût mander sa volonté sur le fait d'icelle, et qu'en 1610 l'opération fut ajournée faute d'ordres.

La charte de Louis XII et les immunités qu'elle comportait donnaient, quand on y touchait, bien plus de soucis au corps de ville. La noblesse concédée à vingt-cinq de ses membres fut l'inoculation d'une épidémie morale dans la ité : chacun dès lors voulut être pair pour devenir conseiller et faire souche de gentilshomme . Ce fut la préoccupation dominante, presque exclu-

sive, de tous les petits rentiers du plateau et de
tous les gabariers de l'Houmeau. Si cette maladie
n'absorba pas les autres, comme font les épidé-
mies ordinaires, elle réussit en maint cas à faire
oublier bien des maux, par ceux du moins qui
n'en souffraient pas. En 1515, à l'avènement de
François Iᵉʳ, il fallut, pour la première fois, faire
confirmer le précieux privilége. La peste sévissait alors à Angoulême avec une telle intensité
que les habitants s'étaient enfuis de tous côtés ;
maire, juges, procureurs et sergents avaient dé-
serté leur poste, laissant des commis à leur place.
Le 4 juin, le maire et vingt membres du corps de
ville, n'osant aborder leurs foyers, se réunirent à
Châteauneuf pour aviser au moyen de conserver
leur noblesse. Il fut décidé que le maire, à cet
effet, irait à Paris, et on lui alloua trente-cinq
sous par jour pour se défrayer, lui, son homme
et deux chevaux. Le privilége fut confirmé ; pour
avoir la charte il ne restait plus qu'à la payer.
C'était trois cents livres à trouver, somme énorme, quand on songe que, bon an mal an, les revenus
de la commune montaient à sept cents livres, et
que depuis une année l'épidémie les avait réduits à
presque rien. Le 31 mars on se réunit, à Angou-
lème, pour savoir à qui incomberait cette charge :
soixante-un membres sur cent étaient morts ou
absents, car le séjour de la ville était encore
dangereux, et sur trente-neuf présents il s'en
trouva vingt-quatre pour décider que leur par-
chemin serait payé par la caisse de la commune.
En 1667 un édit abrogea la charte de 1507,

et frappa d'une taxe tous ceux qui, depuis .600,
avaient été anoblis par les charges municipales.
Des lettres patentes, du mois juillet 1673, é ablirent le privilége, mais dans la personne du maire
seulement et à la condition de rester trois a is en
fonctions.

Louis XIV ne donnait ni ne laissait prendre
facilement les titres de noblesse, parce qu'il
entendait les vendre. En voyant l'avidité do t ils
étaient l'objet, il avait compris qu'il y avet là
une source abondante de revenus et il y uisa
sans mesure et sans vergogne. « De 1643 à 711,
dit M. de Rencogne, il jeta dans le royaume près
de neuf cents lettres d'anoblissement, moyernant
une grosse finance, et, dans la suite, il eut
point honte de les révoquer sans restituer le-prix
d'achat. » Déjà, au début de son règne, il erait,
sans scrupule, fait payer deux fois la confirm tion
du privilége d'Angoulême, en bloc par la vi e et
en détail par les échevins et conseillers qui
bénéficiaient de la noblesse. Ceux-ci, du r ste,
décidèrent, sans plus de gêne, que c'était là une
dette commune et mirent le tout au compe du
budget, après quoi, comme nous l'avons vu,
Sa Majesté retira le privilége.

Le dernier maire de l'ancien régime fut victime
de cette déviation de sens. Après avoir, pour être
noble, acheté fort cher la mairie, devenue vézale,
il vit, en 1790, abolir la noblesse. M. de la Burge,
redevenu Marchais comme son père, essaya
maintes fois depuis de se faire rembourser le
prix de sa vanité trompée, et n'y réussit pas

La Révolution mit fin de même à ce qui restait des autres priviléges municipaux, et fit sagement rentrer tout le monde dans le droit commun.

Au XVe siècle la maison commune était située dans le voisinage de l'église et du cimetière de Saint-André.

En 1463 la ville acquit, pour y transporter son hôtel, un immeuble plus au nord ; mais ce ne fut que de 1495 à 1497, pendant la mairie d'Hélie Seguin, qu'on bâtit la nouvelle maison de l'échevinage. Elle était comprise entre les rues qui portent maintenant les noms de Henri IV, du Point-du-Jour, de Saint-Etienne, et une quatrième allant de l'une de ces deux dernières à l'autre.

Cet immeuble relevait de l'abbaye de la Couronne, et, depuis qu'il était tombé en main morte, la commune, outre une rente annuelle de six deniers et deux livres de cire neuve, devait à chaque nouvel abbé, l'hommage lige et une paire d'éperons dorés.

Nous ne connaissons cet hôtel de ville que par quelques détails épars dans les délibérations de l'échevinage, et un petit croquis de Corlieu, compris dans une vue d'Angoulême publiée par Belleforest.

Il y avait un beffroi et, jusqu'en 1524, une horloge ; mais la cloche de la commune était là où elle est encore, à Saint-André.

Une partie du bâtiment servait de prisons, non

seulement pour les justiciables du maire, mais
souvent aussi pour ceux du roi. Le concierge de
l'échevinage était en même temps geôlier. Tout le
monde dans la maison commune se trouvait à
l'étroit. Le conseil, souvent incommodé par le
voisinage des détenus, n'était guère moins gêné
par leur gardien, qui tantôt mangeait dans la
salle des délibérations, tantôt y installait des lits,
y recevait des étrangers ou bien déposait des
malpropretés sur un vieux coffre de fer, conte-
nant les archives de la ville. Ce meuble avait
trois serrures, dont les clés étaient dans des
mains différentes, et, comme on ne l'ouvrait pas
souvent, il arriva plus d'une fois qu'on ne savait
où les prendre quand on voulait chercher dans le
trésor.

La ville, dont les revenus étaient petits,
affermait, quand elle pouvait, le sous-sol de son
hôtel. En 1638, dans un moment de détresse, elle
résolut même de livrer au plus offrant la jouis-
sance de l'immeuble, à la réserve seulement de la
salle des séances et de la prison. En 1643 elle
fut obligée d'en déloger complètement pour y
mettre des prisonniers faits à Rocroy. Dans les
trois ou quatre années qu'ils y passèrent, ils brisèrent les marches de l'escalier, se chauffèrent
avec les sièges des échevins, et mirent la maison
dans un état tel que, à l'exception de la prison,
elle ne put jamais servir depuis. En 16 0, la
toiture et une partie des murailles étaient par
terre. La ville, trop pauvre pour les relever prit,
en 1666, la résolution de vendre ou d'arrenter le

rez-de-chaussée, afin de se procurer quelque argent pour refaire les couvertures et remettre en état l'ancienne salle du conseil ; mais ce projet n'eut aucune suite, sans doute parce que, dans de semblables conditions, on ne trouva pas d'acquéreur. La tour et les derniers pans de mur restés debout, n'ont été rasés qu'en 1806.

Le corps de ville, depuis qu'il avait dû céder la place aux prisonniers espagnols, tenait ses séances au présidial.

En 1790 il s'établit dans une maison prise à loyer, près de Saint-André, presque à la même place qu'occupait, trois siècles auparavant, la première maison commune. Mais en 1793 il fallut chercher un local plus vaste pour les bureaux qui, outre leur ancienne besogne, avaient à délivrer des certificats de civisme, tarifer le sucre et la chandelle, et assurer les approvisionnements de la ville, toujours menacée de mourir de faim depuis que l'Etat s'était chargé de pourvoir aux besoins des citoyens. On s'installa dans l'ancien couvent des filles de la Foi. De l'an x à l'an xiv, la ville fut de nouveau en loyer. En 1806, elle transporta ses bureaux aux Jacobins.

En 1815, elle acheta d'un industriel un café situé en face du Parc. Ce bâtiment, après avoir été la mairie jusqu'en 1861 en est encore aujourd'hui une dépendance.

Le nouvel Hôtel-de-Ville a été bâti de 1858 à 1861, d'après les plans de M. Paul Abadie, sur

l'emplacement de l'ancien château, dont leux
tours, conservées de mauvaise grâce, jure t un
peu avec l'ensemble.

HÔTEL-DE-VILLE

Il y a dans ce monument des parties re larquables, telles que la façade méridionale le grand escalier et la salle des fêtes, mais ce ne sont malheureusement pas les plus en évidence. Au nombre de celles dont l'effet laisse à désirer, il faut mettre la façade principale, où le corps de bâtiment central est à la fois resserré et écrasé par les deux pavillons, en même temps que la haute tour, aux larges baies, qui le surmonte, fait tout paraître étroit et maigre autour d'elle. A ce manque d'harmonie, la façade joint un autre défaut, celui d'être divisée et subdivisée en tranches verticales par la saillie de pavillons et de contreforts rapprochés, qui rompent toutes les lignes horizontales, dont l'œil se passe difficilement. C'est, du reste, pour ce côté de l'édifice, une condition défavorable, que de ne pouvoir être vu que de près, et c'en est une autre que de ne jamais recevoir un rayon de soleil, à moins que ce ne soit au déclin du jour et dans la seule saison où hommes et choses s'en passent le plus volontiers.

La scène figurée au tympan de la porte du balcon est une erreur historique. Elle représente la ville offrant ses clés à Charles V, qui n'est jamais venu à Angoulême.

LES COMTES

L'ANCIEN ET LE NOUVEAU CHATEAU

Le premier personnage qu'on trouve pourvu du titre de comte d'Angoulême est un nommé Mararachaire, vivant dans la seconde moitié du VI⁰ siècle, c'est-à-dire du temps de Grégoire de Tours, qui en fait mention. Il fut ensuite évêque, et, après sa mort, non neveu, Nantin, obtint du roi la charge de comte. Nous ignorons quels furent leurs successeurs sous les derniers mérovingiens ou, pour mieux dire, nous doutons qu'ils en aient eu avant le IX⁰ siècle, époque où les carlovingiens, commençant à reprendre quelque autorité dans le Sud-Ouest et obligés de s'y défendre contre les Normands, déléguèrent à des comtes une partie de leur pouvoir. Turpion et Emenon, qui vécurent dans ce temps, n'exercèrent que des fonctions temporaires.

Mais déjà la féodalité se constituait et, en 866,

ce pouvoir devint héréditaire dans la personne
de Wlgrin, dont le petit-fils, Guillaume, fut ce
rude guerrier, qui, d'un coup de sabre, à ce qu'on
rapporte, pourfendit un chef normand, « corps et
cuirasse, » ce qui aurait valu à sa race le nom de
Taillefer.

Guillaume laissa le comté à son bâtard Arnaud
dit le Manzer, encore enfant, qui, arriva à sa
majorité, fut obligé de disputer ses droits à des
collatéraux, contre lesquels il exerça depuis les
plus cruelles représailles.

Deux faits qui se passèrent du temps de Guillaume, fils et successeur du Manzer, témoignent
de ce qu'étaient les idées et les mœurs à la fin du
Xe siècle et au commencement du XIe. Le vicomte
de Marcillac, Guillaume, et son frère Oulric,
qui déjà avaient eu des démêlés avec leur autre
frère, Audoin, au sujet du château de Ruffec, et
à qui le comte avait imposé la paix, profitèrent
du temps où leur suzerain était en pèlerinage à
Rome pour perpétrer une abominable trahison.
Après avoir attiré Audoin chez eux et l'avoir
enivré, ils allèrent lui couper la langue et lui
crever les yeux dans son lit. Le comte, à son retour, assiégea, prit et brûla le repaire où 'était
commis le crime et rendit Ruffec au malheureux
aveugle, dont le fils, quelques années après, fut
autorisé à rebâtir le château de Marcillac.

Guillaume, qui consacrait à la dévotion le temps
qu'il ne donnait pas à la guerre avec ses vassaux
insubordonnés ou ses voisins, entreprit, dans un
âge à ce qu'il semble assez avancé, un pèlerinage

plus long que le premier. Il se rendit à Jérusalem
en plein hiver ; parti en octobre, il n'arriva qu'en
mars. A son retour, il allait s'engager dans une
guerre en Saintonge, lorsqu'il fut pris d'une maladie de langueur. On prétendit qu'il était victime
des maléfices d'une vieille femme de sa maison,
qui elle-même n'aurait été que l'instrument de la
bru du malade, Alausie, impatiente de jouir du
pouvoir, dont elle avait goûté pendant l'absence
du comte. La magicienne, disait-on, l'avait en-
voûté au moyen de poupées de cire et de toile,
enfouies en terre ou cachées dans les fontaines,
sur les plateaux arides, au pied des arbres et jusque dans la bouche des morts. La pauvre bonne
femme opposa les plus énergiques dénégations
à cette imputation, d'autant plus dangereuse
qu'elle était plus inepte, et comme, d'un autre
côté, on ne pouvait pas avoir de preuves, on
recourut à un duel judiciaire. Le comte choisit
un champion, et il en fut donné un à la sorcière.
Au jour convenu, les deux adversaires, pourvus
d'un bouclier et d'un bâton, se rendirent dans une
île de la Charente, sous les murs de la ville. Le
représentant du pieux Guillaume avait passé la
nuit au tombeau de saint Cybard et communié ;
on supposa que le défenseur de la magicienne,
pour se préserver, avait, au contraire, absorbé
des potions enchantées. Six heures durant, ils
échangèrent des coups de bâton, sous les yeux de
la foule amassée sur les remparts. Le champion
du comte, comme il fallait s'y attendre, sortit sain
et sauf de cette longue lutte, tandis que l'autre

eut le corps tout broyé ; et dans le sang qu'il rendait par la bouche, on ne manqua pas ce voir l'effet de son breuvage diabolique. Tandi qu'on l'emportait mourant, le premier courait 'endre grâces à saint Cybard et remontait allèg ement en ville. Quant au comte, il n'en alla pas moins de vie à trépas, l'année même de son re▪ur de Palestine, 1028. Il avait fait grâce de la v ₃ à la prétendue sorcière ; mais le premier soin ₃e son successeur, Audoin, fut de la faire br□er. Il semble même que d'autres malheureuses furent comprises dans cette exécution, à laquelle é□happa la véritable coupable, s'il y en avait une.

A peine Guillaume était-il enterré que la discorde éclata entre ses deux fils, Audoin e Geoffré, au sujet de la vicomté de Blaye. Au□in, du reste, ne lui survécut que quelques ann es, et toute la succession revint à Geoffré, en vertu du testament de leur père, qui avait exclu ₃e son héritage les enfants d'Alausie. Geoffré fut un prince débonnaire qui, pendant une vi□gtaine d'années de pouvoir, laissa en paix ses vo sins et ses vassaux.

On ne peut en dire autant ni de son fils F ulque, qui plus d'une fois en vint aux mains a ec son propre frère, l'évêque d'Angoulême, ni ₃e son petit-fils, Guillaume III, qui promena la ₃uerre tout autour de lui sur les terres des seign urs de Barbezieux, d'Archiac et de Cognac, eut de démêlés avec Hugue de Lusignan, au sujet de a succession éventuelle du comté de la March□, et se battit contre le duc d'Aquitaine lui-même. ▯mourut dans un couvent d'Allemagne, l'an 1120, en revenant de Terre-Sainte.

Wlgrin, son fils, eut, comme lui, des guerres avec la plupart de ses voisins. Un chroniqueur contemporain fait de lui un grand éloge et vante sa générosité envers les églises. Il n'en est pas moins vrai qu'il avait commencé, du temps de son père, par commander une bande de cottereaux et ravager avec eux les terres de l'évêque. Si depuis il racheta ses torts par ses largesses, ce furent le plus souvent ses vassaux qui payèrent ses libéralités. Une révolte qui éclata à Mansle, vers 1135, n'eut vraisemblablement pas d'autre cause que les charges excessives qu'il faisait peser sur le peuple. Il se rendit aussitôt sur le théâtre du désordre, brûla le bourg, tailla en pièces une partie des mutins et culbuta le reste dans la rivière. Il mourut en 1140, au château de Bouteville.

Son fils Guillaume, à son tour, ne résista pas à la tentation de mettre la main sur le temporel de l'évêque Lambert; mais Louis-le-Jeune intervint et rétablit la paix entre eux. Guillaume suivit le roi à la croisade, en 1147. Il fut un de ceux qui souffrirent le moins dans cette désastreuse expédition et se trouva même en état, dit-on, de venir en aide non seulement aux pauvres, mais à beaucoup de barons réduits à la détresse.

Ses trois fils, Wlgrin, Guillaume et Aymar, furent successivement comtes d'Angoulême. Le dernier ne laissa qu'une fille, Isabelle, qui, promise d'abord au comte de la Marche, épousa Jean-sans-Terre, roi d'Angleterre, après la mort duquel elle revint à son premier fiancé, Hugue de Lusignan.

C'est au printemps de l'année 1220 que le comté
d'Angoulême, par le second mariage de l'héritière
des Taillefer, passa dans la maison de Lusignan.
Mère du roi d'Angleterre et gardant son titre de
reine alors qu'elle n'était plus que la femme d'un
comte, Isabelle fut dans l'Ouest la représentante
des intérêts d'Outre-Manche. En 1226, à l'avènement de saint Louis, elle organisa contre lui une
coalition, que Blanche de Castille réussit à dis-
soudre. En 1241, elle prépara une nouvelle révolte
en Aquitaine. Le frère de saint Louis, Alphonse,
qui avait reçu le comté de Poitou en apanage,
était venu avec le roi et la cour à Poitiers recevoir
le serment de ses feudataires, au nombre desquels
se trouvait le mari de l'altière Isabelle. La plupart
d'entre eux rendirent l'hommage à contre-cœur
et, presque aussitôt, quittant la ville, allèrent à
quelques lieues de là retrouver le comte de la
Marche, dans son château de Lusignan, où tous
les mécontents du pays vinrent successivement
les rejoindre. Le roi, qui n'avait à Poitier que sa
maison ordinaire, composa avec Hugue et lui fit
de larges concessions, dont ne se contenta point
Isabelle, humiliée d'être la vassale d'un comte.
Elle recommença ses trames et avant l'hiver elle
avait réussi à rallier aux intérêts de son fils et de
l'Angleterre, non seulement les principaux barons
de l'Aquitaine, mais le comte de Toulouse et les
rois de Navarre, de Castille et d'Aragon.

La rupture se fit avec éclat. Alphonse avait
invité ses vasseaux à la cour plénière qu'il devait

tenir à Poitiers aux fêtes de Noël. Hugue se présenta, mais pour déclarer à son suzerain qu'il lui retirait son hommage, après quoi il courut mettre le feu à la maison où il avait logé, et s'éloigna à toute bride avec ses amis.

A la nouvelle de l'outrage fait à son frère, Louis IX résolut de châtier le comte de la Marche et commença ses préparatifs. Hugue, de son côté, appela à son secours le roi d'Angleterre. Le 19 juillet 1242, Français et Anglais se trouvèrent en présence à Taillebourg, séparés seulement par la Charente. Le jour suivant, le roi de France força le pont, et, après un premier engagement, les ennemis, ne se sentant pas en force, profitèrent de la nuit pour décamper. Ils furent rejoints près de Saintes et le combat recommença. Battus de nouveau, les Anglais cherchèrent un abri derrière les murailles de la ville, mais pour repartir presque aussitôt et gagner Blaye. Les chevaliers les mieux montés purent y arriver, mais les autres et les gens de pied tombèrent de fatigue et d'inanition le long des chemins, en si grand nombre « que c'était à en pleurer de pitié. » Pendant ce temps, les feudataires s'empressaient d'aller témoigner de leur soumission au roi de France, et le comte de la Marche ne fut pas le dernier à venir avec ses trois fils et son épouse, humiliée, implorer le pardon du souverain.

L'année suivante, Hugue partagea ses états entre ses enfants, et, en 1245, prit la croix. Isabelle mourut en 1246 ; deux ans après, le comte la suivit dans la tombe.

6

L'aîné de leurs fils, Hugue-le-Brun, hérit□ des comtés de la Marche et d'Angoulême, ains⊐ que du château de Lusignan. Il avait pris le po⊐voir dès la mort de sa mère et s'était mis à l⊏ tête d'une ligue de la noblesse contre certain⊐ entreprises du clergé. Il suivit depuis le com■e de Poitiers à la croisade et succomba en Egypt□.

Son fils aîné, appelé Hugue, comme tou⊐ les aînés de la famille, eut avec l'évêque d'Angou⊐ème, en 1259, un violent démêlé, que nous racont⌐rons ailleurs. Il accompagna saint Louis dans ▄ seconde croisade et mourut en Orient, en 1⊐0. Il avait eu de Jeanne de Fougères, deux fils, ⌐ugue et Gui ou Guiard, qui furent l'un et l'autre c⌐mtes de la Marche et d'Angoulême et moururen⊏ sans enfants, le premier en 1302, le second en 1⊐8.

Gui avait institué pour héritière sa sœur Yolende; mais Philippe le Bel profita de l'oc⊐sion pour réunir les deux comtés à la couron■e, et n'en laissa que l'usufruit à Yolende.

A Philippe le Bel succéda son fils Louis-le-▄utin, qui mourut à vingt-sept ans, laissant un⊏ fille d'un premier lit et sa seconde femme enc⌐inte. L'enfant posthume vécut moins d'une sema■ne et ne compte pas moins au nombre des r⊐s de France.

Sa sœur, Jeanne de France, épousa, en 1⊐18, à l'âge de sept ans, le comte d'Evreux, qui en■avait treize. Philippe-le-Long, son oncle, la d■ta de 50,000 livres, à employer en achat de ter⊐s, et lui donna de plus les revenus des comtés d'Angoulême et de Mortain, estimés 15,000 ⊐vres.

Jeanne eut, en outre, du chef de sa mère, le royaume de Navarre. Elle mourut veuve, en 1349, et, au grand mécontentement de son fils, Charles-le-Mauvais, le comté d'Angoulême fit retour à la couronne.

Philippe de Valois, en 1351, en disposa en faveur du connétable Charles d'Espagne, que Charles-le-Mauvais, pour se venger, fit assassiner quelque temps après.

Remis aux Anglais en exécution du traité de Brétigny, l'Angoumois revint à la France douze ans après, et Charles V le donna alors à son frère le duc de Berry, qui depuis y renonça moyennant une compensation.

Charles VI, en 1394, en gratifia son frère Louis, duc d'Orléans, comte de Valois, qui périt assassiné, en 1407, par un agent de son oncle le duc de Bourgogne. Charles, l'aîné des fils de la victime, s'adressa aux Anglais pour l'aider à venger la mort de son père; mais, obligé de les renvoyer sans en avoir reçu aucun service, il leur promit une forte somme, dont il ne put payer qu'une partie, et pour garantie du surplus donna en otage son plus jeune frère Jean, comte d'Angoulême, âgé de huit ans. Avant d'avoir pu le retirer, il fut lui-même fait prisonnier à Azincourt et emmené en Angleterre. Jean ne recouvra la liberté qu'en 1445, après trente-deux années de captivité. Il épousa, en 1449, Marguerite de Rohan, et mourut en 1467, au château de Cognac. On l'avait surnommé le Bon comte Jean, et il laissa une telle réputation de vertu que le peuple, croyant qu'il pouvait encore faire du bien après sa mort allait demander des miracles à son tombeau.

Charles d'Orléans, son fils, qui hérita du omté, épousa Louise de Savoie, dont il eut un fille, Marguerite d'Orléans dite de Valois, née à ngoulême, et un fils, François, né à Cognac e 1494, qui fut d'abord comte d'Agoulême, puis uc de Valois et enfin roi de France sous le n m de François Ier.

A peine arrivé au trône, François érig a son ancien comté en duché-pairie et le donn à sa mère. Après la mort de Louise de Savoie, l' ngoumois fit retour à la couronne. Très souvent epuis il en a été distrait, mais aucun de ceux qu l'ont possédé en apanage n'y a fait sa résidence et la plupart ne l'ont même jamais visité. Nou nous bornerons à donner la liste de ces apanagi es.

1540-1545, Charles, l'un des fils de Franç is Ier. — 1550, Charles-Maximilien, fils de Henri II ; quitta le titre de duc d'Angoulême pour celui d duc d'Orléans, et depuis fut Charles IX. — 1560, Ienri de Valois, grand prieur de France, bâta d de Henri II. — 1582-1619, Diane, fille nature le de Henri II. — 1619-1650, Charles de Valois, ncien grand prieur de l'ordre de Malte, bâta d de Charles IX. — 1650-1655, Louis de Valois, ncien évêque d'Agde, fils du précédent ; avait, c mme son père, gardé ses bénéfices ecclésiastiques près être rentré dans la vie séculière. — 1655-1671, Louis-Joseph, de Lorraine, duc de Guise, pe it-fils du précédent. — 1674, François-Joseph de Lorraine, fils du précédent. — 1675-1696, Eli beth

d'Orléans, veuve de Louis-Joseph de Lorraine et
mère de François-Joseph. — 1710-1714, Charles,
duc de Berry, petit-fils de Louis XIV. — 1773,
Charles-Philippe, comte d'Artois, qui fut depuis
Charles X. — 1775, Louis-Antoine, fils du précédent; continua au sortir de la Révolution à porter le titre de duc d'Angoulême.

L'avantage d'être protégés d'un côté par un
rempart naturel inexpugnable avait décidé les
Taillefer à asseoir leur résidence sur le rebord
septentrional du plateau, à l'angle du rocher et
de l'ancienne muraille Wisigothe.

Ce premier château, bâti vraisemblablement,
au IXe siècle, par Audoin, a subi depuis quelques
modifications ; mais ce qui en reste est presque
tout antérieur au XIIIe siècle, et deux des tours
paraissent même appartenir à la construction
primitive. Le temps avait déjà mis son cachet
sur ce monument à l'époque où Corlieu écrivait
son Recueil. « Ce qui se trouve, dit-il, de plus
vieil et remarquable à Angoulême est le Châtelet,
qui sont trois grosses et hautes tours d'ancienne
fabrique et de figure ronde, et une sexagone, et
dedans celle-ci une autre ronde ; lesquelles tours,
disposées en forme quadrangulaire et se flanquant
l'une l'autre, font un donjon fort à merveille,
défendu du côté qui regarde la ville d'un profond
fossé taillé en roc à fond de cuve ; le tout, derechef,
renfermé d'une forte ceinture, aussi fossoyée et
flanquée. Cette tour à six pans est appelée com-

munément la tour Prein ou Pregnant, comme si
on voulait dire qu'elle fût enceinte de l'autre qui
est dedans ; et était autrefois l'espace entre ces
deux tours fait à étages, desquels on combattait
pour la défense de la place, chose non moins belle
à voir que forte et industrieusement faite. »

Les fossés ont été comblés à la fin du xvi siècle
ou au commencement du xviie et les tou s sont
moins élevées que du temps de Corlieu mais
l'ensemble des constructions répond encore aujourd'hui à la description qu'il nous en a laissée.

Dès la fin du xve siècle, le Châtelet, déchu,
servait de prison royale. De 1617 à 1630, on y fit
fit des réparations assez considérables pour y
remettre les prisonniers, momentanément trans-
portés à la maison commune.

Les Taillefer n'étaient restés guère pl s d'un
siècle dans l'étroite et sombre forteresse du rempart du nord. Vers l'an 1025, le comte Guillaume II,
affaibli par l'âge et la maladie, se fit bâtir u e maison tout près de Saint-André, afin d'être plu à portée des offices. On croit que ce logis était de l'autre
côté de la rue, presque en face de l'église. Il y a là,
en effet, d'anciennes constructions, auxquelles la
tradition a conservé le nom de maison Taillefer.
Les successeurs de Guillaume dûrent se fix r dans
cette nouvelle résidence et la faire agra dir ou
reconstruire ; car le peu qui en reste ne remonte
pas au-delà du xiiie siècle. Vigier de la Pile dit
que ce vieux bâtiment était connu aussi sous le
nom de Château de la Reine, ce qui semb e indi-

quer qu'il a été, non seulement habité, mais bâti
par Isabelle.

Les Lusignan, qui ont érigé dans l'Ouest tant
de châteaux, ne pouvaient, en tout cas, se con-
tenter ni de la vieille et froide forteresse des
Taillefer, ni de l'appartement de Guillaume II. Le
comte Hugue et sa femme Isabelle résolurent de
se faire une habitation plus somptueuse, et, en
1228, acquirent du chapitre de Saint-Pierre, par
voie d'échange, un terrain pour construire un
« château neuf. » Nous ne saurions dire si le fonds
dont il s'agit était situé à côté de l'ancienne maison de Saint-André, qui, rebâtie ou agrandie,
serait devenue le Château de la Reine, ou si cet
emplacement est celui sur lequel a été élevé
depuis le château qui a subsisté jusqu'à nos jours.
Dans ce dernier cas, Hugue et sa femme n'auraient
pas, à ce qu'il semble, réalisé eux-mêmes leur
projet ; car la construction de ce monument ne
paraît avoir été entreprise que par la veuve de
leur petit-fils, Jeanne de Fougères.

Après la mort de Hugue, arrivée en 1270, Jeanne,
nous dit Corlieu, « fit réparer le vieux château et
commença l'œuvre magnifique de la grande salle,
qui encore se voit audit château. » Ce vieux château, que la comtesse restaura et agrandit, était
vraisemblablement l'édifice romain qui a fini de
disparaître lorsqu'on a percé la rue de l'Arsenal
et qui, dix fois séculaire du temps des Lusignan,
devait résister encore à cinq siècles. Hugue, fils
de Jeanne, bâtit « la grande tour du château et

paracheva la salle encommencée par sa mère,
qui sont, ajoute Corlieu, deux merveilleusement
beaux édifices. »

LE CHATEAU

Dans la seconde moitié du xvᵉ siècle, les Valois
ajoutèrent des constructions importantes à celles
de leurs prédécesseurs. Le comte Jean fit bâtir
une salle et, au sud de la tour polygonale des
Lusignan, sa veuve et son fils Charles élevèrent
la grosse tour ronde.

De 1589 à 1596, le duc d'Epernon fit faire au
château de grands travaux, qui avaient surtout
pour but d'en augmenter les moyens de défense,
et à l'ancienne demeure des comtes il ajouta un
pavillon plus en harmonie avec les goûts du jour.

Le château, qui, depuis l'avénement du dernier comte d'Angoulême à la couronne, n'était plus que l'habitation momentanée du gouverneur de la province et la demeure habituelle de celui de la place, servait aussi de prison d'Etat. Sous Louis XIII on y mit l'ancien garde des sceaux l'Aubespine de Châteauneuf, et depuis la révocation de l'Edit de Nantes jusqu'en 1747, un grand nombre de protestants y furent enfermés pour n'avoir pas voulu se faire catholiques.

Du château, il ne reste plus que la tour polygonale bâtie par les Lusignan et la tour ronde des Valois, insérées, que bien que mal, dans l'hôtel-de-ville, qui l'a remplacé.

LES EVÊQUES

L'ÉVÊCHÉ. — LE CHAPITRE.

Les origines du christianisme dans la Gaule occidentale sont fort obscures, et chez nous, en particulier, on ne trouve pas de traces certaines de la foi nouvelle avant la fin du IVe ou le commencement du Ve siècle.

C'est à cette date, en effet, que nous reporte l'inscription funéraire de la chrétienne Basilie, et c'est à cette époque aussi que nous constatons pour la première fois la présence d'un prêtre à Angoulême. Il se nommait Dynamius.

Le christianisme, qui souvent ne se faisait accepter qu'au prix des transactions les plus contraires à son principe, venait, en outre, de se diviser, et, peu après l'apostolat de Dynamius, l'arianisme, avec les Wisigoths, se répandait dans l'Ouest. L'orthodoxie, dit-on, reprit possession de l'église d'Angoulême avec Aptone, que

Clovis lui aurait laissé comme évêque après avoir chassé les Goths.

Mérère, qui paraît être le même que Méachaire, l'ancien comte, fut un des prélats les plus distingués de la seconde moitié du VIe siècle; mais les ouvrages qui avaient fait sa réputation, et qui furent longtemps conservés dans la bibliothèque de Cluny, sont aujourd'hui perdus.

Son successeur, Fronton, n'est connu que pour l'avoir fait empoisonner, appliquant ainsi à l'Église la façon mérovingienne d'ouvrir les successions. Le forfait de Fronton lui profita peu; car au bout d'un an il céda la place à Héraclius, qui, en gardant près de lui ceux que l'opinion accusait d'être les complices du crime, parut en assumer lui-même la solidarité. Nantin, neveu de la victime, après avoir obtenu la charge de comte, entreprit de venger Mérère et commença par mettre la main sur les biens nombreux que celui-ci avait laissés à l'Église, n'estimant pas, disait-il, que le clergé pût recueillir le legs de celui que des clercs avaient fait mourir. Les prêtres d'Angoulême et leurs partisans furent en butte à une violente persécution jusqu'à ce qu'un concile, tenu à Saintes, eût excommunié Nantin, qui promit alors de rendre à l'évêque les biens contestés; mais il commença par raser les maisons : « Si l'Église reprend ces biens, dit-il, que du moins elle les retrouve déserts! » Il fut excommunié de nouveau. Peu après, son adversaire mourut et lui-même ne tarda pas à le suivre. Il est probable que l'héritage de Mérère resta à Saint-Pierre, et qu'il a formé la première dotation importante de cette église, si riche au début du moyen âge.

Nicaise, élu après la mort d'Héraclius, paraît avoir été à la tête de ceux qui, à Angoulême, en 585, se prononcèrent ponr Gondowald, le prétendu fils de Clother. Il se trouva mêlé, quatre ans après, à un autre de ces drames variés, mais toujours violents, dont était faite la vie privée aussi bien que la politique des Mérovingiens. A Poitiers, où il était allé avec son archevêque, porter des paroles de paix aux religieuses de Sainte-Croix, dévoyées par une parente des rois Franks, il faillit être massacré dans l'église de Sainte-Hilaire, dont les révoltées avaient fait leur forteresse.

Les évêques qui se succédèrent ensuite durant trois siècles sont peu connus, et, dans la liste qu'on en donne, il y en a plus d'un dont on peut même contester l'existence. Cette période, du reste, est en tout fort sombre. Il n'y a partout qu'ignorance, et l'Eglise elle-même, malgré les généreux efforts de ses conciles, se sent envahir par un irrésistible reflux du paganisme.

Au IX⁰ siècle, il y eut sur tout le pays comme une éclaircie. A Angoulême, l'écossais Elie, qui occupa le siège pendant une quinzaine d'années, de 860 environ à 875, était un lettré. Il avait professé, comme Alcuin ; peut-être même dirigeat-il dans son diocèse une de ces écoles où se concentrait le peu de savoir qui avait résisté à trois siècles de barbarie et où les lumières brillaient avec d'autant plus d'éclat que les ténèbres étaient alentour plus épaisses. L'évêque Elie fut un des derniers représentants de cette courte renaissance des lettres, due à la puissante initiative de Charlemagne et dont il ne resta bientôt plus que le souvenir.

Sous le régime féodal, les évêques, appartenant en général aux familles qui possédaient le sol, furent eux-mêmes de grands feudataires, qui trop souvent ne se distinguèrent en rien des autres. Ils menaient la même vie turbulente, et, préoccupés comme eux d'intérêts temporels, les soutenaient par les mêmes moyens violents. Dans la seconde moitié du Xe siècle, Hugue, issu des seigneurs de Jarnac, ne se contenta pas de défendre les droits de l'évêché contre le comte Arnaud, il aspira lui-même à la possession du comté, et, en définitive, laissa son église appauvrie. Après lui, Grimoard, fils du vicomte de Mussidan, dilapida les biens de Saint-Cybard et engagea avec le vicomte de Limoges une lutte acharnée.

Par exception, Rohon, qui vint peu après Grimoard, si même il ne lui succéda pas immédiatement, dut l'épiscopat à son savoir et à sa vertu, et y fut appelé d'une voix unanime par le clergé et le peuple.

Au milieu du XIe siècle, la guerre recommença entre l'évêché et le château, quoique l'évêque Guillaume et le comte Foulque fussent frères.

C'est par Guillaume, et sans doute à l'occasion de cette lutte, que fut bâtie la forteresse de Touvre, dont les ruines couronnent la profonde échancrure du sol d'où sort, large et abondante, la rivière qui va à une lieue de là doubler le volume des eaux de la Charente. A ce prélat belliqueux succéda un autre Taillefer, son frère, pieux et de vie austère, nommé Adémar, qui laissa la crosse à un homme du peuple, Girard, le plus célèbre des évêques d'Angoulême.

Girard avait tenu école à Périgueux et à Angoulême, et il s'était fait une telle réputation de savoir et de vertu que le clergé, à la demande des fidèles, l'élut évêque, en 1101. Souvent, autour de lui, on fit appel à ses lumières, et quatre papes, de leur côté, le choisirent pour légat. Cette charge lui fut retirée par Innocent. C'est, à notre avis, faire tort à la mémoire de Girard que de voir là le motif qui le poussa dans le schisme d'Anaclet, où il entraîna le duc d'Aquitaine et une partie du clergé de l'Ouest.

Il fut, en 1136, remplacé par Lambert, le fondateur de l'abbaye de la Couronne. Cet évêque a laissé dans son diocèse un grand renom de sainteté, et ses successeurs, pendant un siècle, paraissent avoir comme lui, mais sans éclat, mené une existence conforme à leur état.

Le milieu du XIIIᵉ siècle vit renaître les difficultés entre le comte et l'évêque, qui étaient alors Hugue de Lusignan et Robert de Montbron. L'ori-

gine du conflit, qui éclata en 1259, n'est pas bien
connue. Certains indices porteraient à croire qu'il
y avait au fond un ferment d'hérésie, peut-être
un reste de celle des Albigeois, si cruellement
réprimée, mais mal étouffée. Cette fois, à la suite
de premières difficultés que nous ignorons, ce
fut le pouvoir civil qui lança l'excommunication
contre l'Eglise, lui empruntant non seulement
son procédé mais jusqu'à ses formules. Défense
fut faite par le sénéchal du comte aux gens d'Angoulême et de tout le comté de vendre ou de
donner quoi que ce soit, pain, vin, viandes ou
autres aliments aux ecclésiastiques ou à leurs
parents et domestiques ; de cuire leur pain, de
moudre leur grain, et aux ecclésiastiques eux-
mêmes de le moudre à leurs propres moulins ;
défense de leur fournir du bois de feu pour préparer leurs vivres ; de leur porter de l'eau de la
rivière, des ruisseaux ou des fontaines, soit pour
leur bétail, soit pour eux, soit même pour les
baptêmes ou le sacrifice de la messe ; défense de
cultiver leurs terres, de bêcher leurs vignes, de
ferrer leurs montures, d'avoir commerce avec
eux et de leur rendre un service quelconque.
Comme ils ne pouvaient vivre de l'air du temps —
ex solo vento trahere nutrimentum, — les prêtres
dûrent quitter la ville, où ensuite il leur fut interdit de rentrer.

L'évêque Robert, en ce moment absent, accourut ; mais lorsqu'il arriva à la porte Saint—Pierre
il la trouva fermée ; il se présenta à celle de
Beaulieu, puis à celle de Palet, qui ne s'ouvrirent

pas davantage. Il se retira alors à Saint-Cybard avec sa suite ; mais le sénéchal s'opposa même à ce qu'on leur portât des vivres de la ville, non plus que de l'avoine pour leurs chevaux.

Robert, à son tour, jeta l'interdit sur la cité ainsi que sur la personne, la famille et les terres du comte ; mais cet acte n'eut pas tous les effets qu'il en attendait. Dans le comté, on inhuma les corps en terre sainte, comme en temps ordinaire ; seulement ce furent des laïcs qui présidèrent aux funérailles avec des trompettes et des tambours. A Angoulême, les Templiers, ne tenant aucun compte de l'excommunication, continuèrent à célébrer leurs offices, toutes portes ouvertes, et à y recevoir tout le monde indistinctement.

Hugue, par son sénéchal, se faisait obéir de ses sujets, et l'évêque n'avait aucun moyen de faire exécuter sa sentence. Il n'osait même plus approcher, non seulement de la ville, mais de son diocèse. Il supplia ses collègues de se joindre à lui ; il adressa ses doléances à son archevêque, au vicaire général de la milice du Temple, au roi, au pape. Le parlement, saisi de l'affaire, la soumit à l'arbitrage des évêques de Cahors et de Limoges, agréés des parties et qui, par une sentence rendue le jour de saint Clément 1259, donnèrent entièrement raison à leur confrère. Le comte était condamné à assister nu-pieds, en saye, sans ceinture, coiffe ni chaperon, à la rentrée de l'évêque et de tout son clergé, qui aurait lieu solennellement un jour de fête, par la porte Saint-Pierre, dont les battants, coupables de ne pas s'être ouverts devant le prélat, seraient brûlés sur la place. Hugue devait confesser sa faute devant tout le peuple et promettre de ne plus re ommencer. Il était, en outre, condamné à payer cinq cents livres de réparation et à constituer une rente pour l'entretien de trois cierges brûlant à perpétuité, pendant le service divin, devant 'autel de Saint-Pierre. Ce dernier point de la sentence tout au moins fut exécuté : à la fin du xvi° siècle, c'était le roi de France, successeur des Lusignan, qui payait les cierges expiatoires.

La plupart des successeurs de Robert jusqu'à la fin du moyen âge ne figurent guère que dans des chartes qui témoignent du soin des intérêts du diocèse. Il serait à désirer que l'on ne connût pas davantage Robert de Luxembourg et Octavien de Saint-Gelais, qui occupèrent le siége d'Angoulême à l'aurore de la Renaissance à la veille de la Réforme.

De l'épiscopat de Hugue de Bauza, par lequel débute le xvi° siècle, nous ne connaissons qu'un seul fait, la difficulté qu'il eut à obtenir que les quatre plus puissants seigneurs de l'Angoumois le portassent lors de sa première entrée à Angoulême. Ce n'était pas non plus par des prétentions de ce genre que le haut clergé pouvait retenir les populations, au moment où tout le monde parlait de ramener l'Eglise à la simplicité évangélique.

Antoine d'Estaing, prélat instruit et administrateur soigneux, nommé par l'influence de Louise de Savoie, commençait à faire oublier ces fâcheux prédécesseurs lorsqu'il mourut empoisonné, dit-on, dans son château de Vars, laissant la mitre à des successeurs qui, pendant plus d'un demi-siècle, donnèrent d'une autre façon prise à la critique. Possesseurs de nombreux bénéfices et ne remplissant de fonctions dans aucun, ils ne connaissaient leur diocèse que par l'état des recettes et dépenses annuellement envoyé par leur homme d'affaires. Encore auraient-ils dû voir, à certains articles de ces comptes, comme nous l'y avons appris nous-mêmes, que l'hérésie avait envahi l'Angoumois.

Le succès de la Réforme, la rude secousse qu'elle donna au catholicisme, le contrôle que l'opinion exerça dès lors sur le corps ecclésiastique obligèrent enfin les évêques à plus de correction dans leur vie et à la résidence habituelle dans leur diocèse.

Quelques-uns de ceux d'Angoulême, comme Le Noël du Perron et Besnard de Rezay, ont été des hommes de savoir; d'autres, comme François de Péricard et Amédée de Broglie, des prélats charitables, dont le souvenir a mérité d'être conservé.

En 1790 le diocèse avait à sa tête François d'Albignac de Castelnau, qui refusa de prêter le serment exigé par la constitution civile du clergé. Les électeurs de la Charente le remplacèrent, l'année suivante, par l'abbé Joubert, curé de Saint-Martin. Après la suppression du culte, en 1793, Joubert se maria et entra dans l'administration.

Lorsqu'on rouvrit les églises, en 1802, e diocèse d'Angoulême, comprenant les d partements de la Charente et de la Dordog e, fut confié à Dominique Lacombe, qui, penant le schisme, avait occupé le siége métropoliain de Bordeaux. La tâche d'organiser le servic religieux dans cette vaste circonscription était audessus des forces du nouveau titulaire, qu laissa tout à faire à son successeur, J. J. P. Gaigou, nommé en 1824. Le zèle de ce dernier, réc mais parfois inopportun, donna lieu plus d'une fois à des manifestations qu'il aurait eu avantag à ne pas provoquer. Il laissa le siége, en 1842, R. F. Régnier, que ses capacités supérieures firent appeler, en 1850, à l'archevêché de Camrai. Il fut remplacé par A. C. Cousseau, prélat instruit et sympathique, dont la mémoire, honorée de tous, est restée chère à ceux qui l'ont conn.

Sous l'ancien régime les évêques d'Angoulême jouissaient de nombreux priviléges, dont quelques-uns ne laissaient pas que de contraster avec leur état.

Ils possédaient sur le plateau même unc châtellenie appelée la Penne, qui comprenat les paroisses de Notre-Dame de la Penne, Saint Jean, Saint-Vincent et le Petit-Saint Cybard, c'est- -dire le quartier de Saint-Pierre. Ils avaient là toute juridiction, haute, moyenne et basse, av c un sénéchal et autres officiers pour rendre la justice. La cour tenait ses audiences à l'évêché. Par un amer euphémisme, la prison épiscopale, pourvue d'engins de torture, dont on faisait encore usage en 1513, s'appelait Sainte-Bénigne.

Comme seigneur de la Penne, l'évêque était exempt de l'apetissement, c'est-à-dire des droits d'entrée en ville, et il prétendait étendre ce privilége à tous ses ressortissants, ce qui lui attira de fréquentes difficultés avec la municipalité et plus tard avec la régie.

Les sujets de la Penne n'étaient pas tenus au droit de jadelage et huchage, perçu sur la vente du vin en détail, à la condition de ne pas débiter à la mesure de la Penne, qui était plus grande que celle de la municipalité.

L'évêque lui-même pendant quinze jours, chaque année, avait seul le droit de vendre du vin en détail dans la ville et les faubourgs, ainsi que dans sa seigneurie de Vars. D'ordinaire il mettait ce privilége en ferme; mais parfois aussi il l'exploitait directement et dans ce cas une de ses « chambarières » était chargée de servir à boire aux clients dans quelque recoin des bâtiments épiscopaux.

Lorsqu'ils amenaient leurs denrées au marché, les gens de Vars, Marsac et autres seigneuries épiscopales n'avaient à payer ni droit de barrage aux portes, ni plaçage au minage.

Le cuisinier de l'évêché prélevait une pièce de vaisselle par chaque bête de somme chargée de poteries venant des environs de Blanzac et destinées à être vendues en ville.

On devait à l'évêque un petit tribut pour les fruits vendus le jour de saint Martin.

Un droit singulier, dont nous ignorons l'origine et le sens, était celui des « palottes. » Chaque année, à la Pentecôte les sujets de la Penne, hommes et femmes, mariés depuis la fête précédente devaient apporter à l'évêché, après vêpres, quatre pelottes de cuir, de telle couleur que bon leur semblait et les remettre à l'évêque ou à son grand vicaire, en présence du sénéchal, des autres officiers de justice et des curieux qu'attirait cette cérémonie. Les défaillants étaient, séance tenante, condamnés par « la cour des palottes » à une amende, qui d'ordinaire consistait en un baril de vin. Au sortir de l'audience on offrait une collation aux magistrats.

Lorsqu'un curé du diocèse mourait, sa mule ou sa haquenée et son bréviaire revenaient à l'évêque. De même au moyen âge le curé prenait le lit de toute personne noble et chef de maison qui mourait dans sa paroisse.

A l'origine de la féodalité nous trouvons les évêques en possession d'immenses domaines, qui, pendant quelques siècles, ne firent que s'accroître. Ils en donnèrent la plus grande partie en fief, et, pour leur agrément ou leur sûreté, gardèrent Touvre, où ils élevèrent une forteresse, Marsac, où ils avaient également un château fort, Vars, qui fut leur maison de plaisance habituelle, Beaumont, où, aux XIVe et XVe siècles, ils se livraient au plaisir de la chasse à la haie, et le Maine-de-Boixe, où, au XIIe siècle, ils s'étaient bâti une habitation au milieu de défrichements opérés par leurs soins.

Les domaines donnés en fief étaient beaucoup plus nombreux. Il y en avait non seulement en Angoumois, mais en Saintonge, en Poitou, en Limousin et en Périgord. Les principaux étaient la Tranchade, Saint-Mary, le Solier, Marcillac, Nanteuil, près Sers, Cellefrouin, Tourriers, Montignac, Laumont, Marthon, la Rochandry et la Rochefoucauld.

A tout changement d'évêque ou de vassal, celui-ci devait venir faire à l'autre hommage lige ou plain et payer l'achaptement, qui consistait quelquefois en cierges, mais plus ordinairement en éperons dorés ou étamés et en gants blancs.

Certains hommages étaient accompagnés de devoirs d'une nature toute particulière.

Ainsi quatre des principaux gentilshommes de l'Angoumois, tenant leur fief de l'évêque, étaient obligés de le porter lorsqu'il faisait sa première entrée à Angoulême. Ils commençaient par lui rendre hommage dans l'église Saint-Ausone devant l'autel, après quoi le cortège se dirigeait vers Saint-Pierre, le seigneur de la Rochandry portant le pied droit de devant du siége épiscopal, le seigneur de la Rochefoucauld, le pied gauche de devant, le seigneur de Montmoreau,

le pied droit de derrière et le seigneur de Montbron, le pied gauche de derrière.

La première mention que nous ne connaissons
de ce servile hommage est de 1243 et se trouve
dans un acte d'aveu de Guillaume de la Rochandry
à l'évêque Raoul.

Les la Rochefoucauld, la plus puissante famille
de l'Angoumois, se soumettaient difficilement à
cette humiliante obligation. En 1328 Guy de la
Rochefoucauld s'excusa de ne pouvoir assister à
l'entrée d'Ayquelin de Blaye, sous prétexte qu'il
avait fait vœu d'aller, juste à ce moment là, en
pèlerinage à une Notre-Dame quelconque. Le
prélat prit fort mal cette excuse et fit saisir les
fiefs à raison desquels son vassal était tenu de le
porter. Celui-ci d'abord ne tint pas compte de la
saisie ; mais l'évêque ayant lancé contre lui une
excommunication avec ordre à tous les curés du
diocèse de la faire exécuter, Guy changea d'attitude, protesta qu'il n'y avait pas eu mépris de sa
part et offrit de payer une amende si des arbitres
décidaient qu'il y avait lieu.

Montbron faillit donner lieu à une difficulté
d'un autre genre. Cette terre étant passée aux
Valois d'Angoulême et ceux-ci étant arrivés au
trône, il s'en fallut de peu, au commencement lu
XVIᵉ siècle, que le roi de France ne se trouvât
dans le cas de porter le pied gauche de derrière
du fauteuil épiscopal. Heureusement, en 15·3,
quand Hugue de Bauza fit son entrée solennelle,
François d'Orléans n'était encore ni roi ni majeur,
et sa mère, Louise de Savoie, fut admise, comme

cela se pratiquait pour les femmes, à faire rendre l'hommage par un procureur et à donner de même le baiser de féauté. Bientôt, du reste, il ne devait plus être question de cet usage, dont l'abandon fut une des premières concessions que les évêques firent à l'opinion.

Aux XIIIe et XIVe siècles, quand l'évêque allait en guerre, le seigneur de Montbron portait son enseigne.

Lorsque l'évêque disait sa première messe pontificale et donnait le festin accoutumé en pareille circonstance, un de ses tenanciers de Dirac devait faire prendre trois cuves dans les caves de l'évêché, en remplir deux de vin, aux frais de son seigneur, et la troisième d'eau, les transporter entre les « portes de la salle et de la chambre peinte, » et faire servir le vin pendant le repas, après quoi les fûts avec ce qui restait dedans était à lui.

Le seigneur de Nanteuil faisait hommage pour deux cents poires d'angoisse que des arrière-vassaux lui devaient à lui-même.

Un certain nombre de châteaux ou logis relevant de l'évêché, Mainzac, Bunzac, Sers, Bouex, Le Fa, Rocheraud, Dirac, la Rochandry et Thors, étaient des repaires, c'est-à-dire que l'évêque avait le droit d'y séjourner, soit à son gré, soit pendant un laps de temps déterminé.

Dès les premières années du XIIIe siècle, les Tizon, dans leur hommage du repaire de Dirac, se reconnaissaient obligés de le rendre à l'évêque.

lorsqu'il le requérait, ami ou ennemi, en paix ou en guerre.

Le seigneur de la Rochandry disait de même dans son aveu qu'il était tenu de rendre ce château à son suzerain « toutes fois et quantes celui-ci voudrait. L'évêque avait le droit d'y passer les mois d'août et de septembre « avec famille médiocre et d'y être défrayé aux dépens de ladite terre. »

Thors, en Saintonge, était un des repaires ou recepts des évêques d'Angoulême. Nous possédons la relation d'une visite qu'y fit, vers la fin du XIIIᵉ siècle, Guillaume de Blaye avec une suite nombreuse. Ynde, veuve d'Ebble de Rochefort, était alors dame de Thors. Guillaume, arrivé sur le bord du fossé, lui envoya dire d'apporte toutes les clés du château, y compris celles des cachots; ce qui fut fait. Les gens et les chevaux de la châtelaine, cédèrent ensuite la place à ceux de l'évêque. Véritable maître de la maison, celui-ci y resta le temps qu'il luit plut, rendant la justice, faisant grâce et exerçant dans le repaire tous les droits seigneuriaux. En partant il rendit les clés, sur le bord du fossé, en présence de sa suite, où se trouvaient Hyrvoix, seigneur de Ruffec le seigneur de Neuvic, les abbés de Fontdoce, de Bassac, de Lieu-Dieu et beaucoup d'autres clercs et laïcs. En même temps il dit à la châtelaine: « je vous confie ces clés et la garde de ce repaire de Thors jusqu'à ce que nous ou notre successeur nous revenions et vous les réclamions. » Nul fait, je crois, ne montre mieux ce que furent à l'origine les concessions de fief.

Les devoirs singuliers et tout empreints de moyen âge que nous venons d'énumérer commencèrent à tomber en désuétude au XVIe siècle. Il y a cent ans les évêques ne connaissaient plus guères que leur domaine utile, qui, en 1754, était affermé, à une compagnie de Paris, moyennant 22,000 livres, non compris les truffes qui se trouvaient dans les bois.

Le principal corps de logis de l'évêché et l'aile orientale ont été bâtis par le légat Girard dans le premier quart du XIIe siècle.

A la fin de la longue guerre des Anglais, l'évêché tombait en ruines. En 1464, l'évêque Robert déclarait que, trente-un an auparavant, quand il en prit possession, il n'avait pas pu y trouver un abri et avait été obligé de se retirer au château de Marsac, en attendant qu'il eût fait remettre sa maison d'Angoulême en état d'être habitée.

Octavien de Saint-Gelais, à la fin du XVe siècle, refit presque en entier le bâtiment de l'est, dont le gracieux pignon et quelques ouvertures attirent encore aujourd'hui l'attention. Son successeur, Antoine d'Estaing, acheva de remettre à neuf l'évêquau, comme on disait alors.

En 1855 le principal corps de logis a subi une nouvelle restauration, qui l'a accommodé aux exigences de la vie moderne, fort différentes de ce qu'elles étaient au temps de Girard.

Le diocèse, autrefois moins étendu que maintenant, comprenait environ deux cents paroisses, dont plusieurs étaient elles-mêmes plus petites que celles d'aujourd'hui, et malgré cela, au milieu du XVIᵉ siècle, on n'y comptait pas moins de huit cents ecclésiastiques.

Jusqu'à la fin du XIᵉ siècle l'évêque et les chanoines vécurent en communauté dans un monastère attenant à la cathédrale et qu'un incendie détruisit avec cette église en 981.

Au commencement du XIIᵉ siècle, pendant que Girard se faisait une habitation particulière, au chevet de Saint-Pierre, un riche chanoine, Iier Archambaud, construisait de ses deniers, au nord de l'église, un dortoir, un réfectoire, des celliers et les autres bâtiments nécessaires à la vie commune des membres du chapitre. Quelques vestiges de ce monastère témoignaient encore en 1867 du goût qui présida à son exécution.

La séparation de l'évêque et des chanoines entraînait le partage des biens, qui fut opéré ou plutôt sanctionné par une bulle du pape Pascal, en 1110. Mansle, Juillac-le-Côt, quelques autres terres moins importantes, comme Roffit, le Gond, le repaire de Charment, et les dîmes d'un grand nombre de paroisses furent attribuées à la manse canoniale.

Ce nouvel état de choses eut aussi pour conséquence la création du décanat, en 1213. Le doyen fut dès lors le chef du chapitre ; mais à son tour il voulut avoir un hôtel particulier. Au commencement du XVIᵉ siècle, Jacques de Saint-Gelais se construisit, au nord de l'ancien cloître, un logis confortable. Le doyenné, qui occupait le côté droit de la rue qui monte de la place Saint-Pierre vers la rue de Beaulieu, a été démoli, il y a quelques années, par les dames du Sacré-cœur.

A l'exemple de l'évêque et du doyen, chacun des chanoines voulut avoir son foyer et le quartier de Saint-Pierre se couvrit ainsi de maisons canoniales, où ne régnaient pas toutes les vertus, s'il faut en croire les ordonnances de police de la ville et certain statut du chapitre lui-même.

Le chapitre se composait du doyen, de l'archidiacre, du chantre, de l'écolâtre, du trésorier, du théologal, de l'aumonier et de plus de vingt chanoines. Vers le commencement du XVIIIe siècle, il jouissait d'une quarantaine de mille livres de revenu. On reprochait à cette corporation d'inoccupés d'être toujours en procès, particulièrement avec l'évêque, qui plus d'une fois fut obligé de recourir à l'excommunication contre le doyen.

Grâce à la facilité abusive qu'offrait le système des résignations, les prébendes canoniales se transmettaient dans certaines familles, celle de Saint-Gelais, par exemple, dont trois membres arrivèrent au décanat en moins d'un siècle : Jacques, qui en même temps fut évêque d'Uzès, François, qui se fit protestant et fut condamné à mort par le duc de Montpensier, en 1562, et Urbain, promu quelques années après la déchéance de son parent.

Aucun des membres du chapitre n'est arri—é à la célébrité ; mais plusieurs sont parvenus ⊏ de plus hautes dignités. Le premier doyen, Am≡nef de Grésignac, devint évêque de Tarbes, ⌐uis archevêque d'Auch ; son contemporain le chan■ine Guillaume Dupuy a occupé le siége de Limo⊏s ; au XIVᵉ siècle, le doyen Bertrand de Saint-G nis fut chapelain de Jean XXII et patriarche d'A⌐ui-lée ; vers le même temps, l'archidiacre Pierr⊏fut élevé au cardinalat. En dernier lieu, Fran ois Bareau de Girac passa, en 1766, du décan t à l'évêché de Saint-Brieuc, que depuis il quitta ⌐ur celui de Rennes.

ÉGLISES

CATHÉDRALE

Au temps où les Goths ariens occupaient Angoulême, la cathédrale était, dit-on, sous le vocable de saint Saturnin, et on ajoute que, rebâtie vers le milieu du VIᵉ siècle, elle fut alors dédiée à saint Pierre et à saint Paul. Le bois entrait sans doute pour une bonne part dans sa construction, car un incendie la détruisit en 981. Hugue, qui occupait alors le siége d'Angoulême, avait ruiné le chapitre et ne fut point en état de la relever. Grimoard, son successeur, n'administra guère mieux pendant les premières années de son épiscopat, d'ailleurs fort agitées. Il ne put se mettre à reconstruire Saint-Pierre qu'à la suite du terrible an mil, dont l'approche avait ému les cœurs les plus endurcis et qui fut suivi d'un immense élan religieux. En 1017, Grimoard pouvait livrer son église au culte.

CATHÉDRALE

La première travée de la cathédrale, qui iffère
sensiblement des deux autres, et qui en diférait
bien davantage encore avant la restauration de

M. Abadie, est tout ce qui reste de l'œuvre de
Grimoard. M. Warin, qui dirigea les travaux,
commencés en 1854, constata que, dans le mur
méridional, à la suite de cette travée, il se trouvait un angle ou retour d'équerre, noyé dans une
reprise et indiquant que le plan de l'édifice avait
de bonne heure subi une modification. Ce détail
porterait à croire que l'église du XIe siècle se
composait de quatre bras égaux, dont chacun
était couronné par une coupole.

Trop petite sans doute ou ne convenant plus, la
cathédrale fut reconstruite dès le commencement
du XIIe siècle par l'évêque Girard et le chanoine
Archambaud, qui ne conservèrent que la partie
dont nous venons de parler. La seconde et la troisième travées, le chœur, l'abside, le transsept et
la haute tour qui en surmonte le bras droit sont
de cette époque, ainsi que la façade jusqu'au
niveau des voûtes.

Girard, en effet, ne mena pas à fin son entreprise. Non seulement le haut de la façade, à
partir de la fenêtre, a été fait après lui, mais plus
d'un siècle après sa mort on travaillait encore à
l'édifice. C'est ce que nous apprend une lettre
adressée par Robert de Montbron à saint Louis,
en 1259, au sujet des violences de Hugue de
Lusignan contre le clergé. L'évêque se plaint
notamment que le comte ait défendu d'apporter
des pierres, de l'eau, de la chaux, du sable et du
bois pour les travaux de la cathédrale et qu'il ait
même interdit l'entrée de la ville aux « maîtres de
l'œuvre. » La partie alors en construction ne pou-

vait être que le clocher du bras méridiona Ce clocher, détruit en 1569, appartenait, en efet, à l'art ogival du XIIIᵉ siècle. Il suffit pour s'en convaincre de jeter les yeux sur le « pourtract » de la ville d'Angoulême fourni par Corliu à Belleforest pour sa Cosmographie. La form de la haute flèche de pierre, les crochets don elle est ornée et les fenêtres à pinacle qui entorent sa base sont autant de caractères qui, mê ie à défaut de document, ne laisseraient aucun oute sur la date de sa construction.

Négligée pendant la guerre de Cent as et endommagée par la chute de l'un de ses cloers, la cathédrale fut restaurée au XVIIᵉ siècle par le doyen Jean Mesneau, qui refit la coupole pinci-pale.

Saint-Pierre est une des plus belles é lises romanes de l'Ouest, où le roman a laissé tat de créations remarquables.

L'édifice se compose d'une nef, d'un trai ssept et d'une abside.

La nef comprend trois travées, dont chcune est éclairée de chaque côté par une double cmisée et porte une coupole hémisphérique.

Le croisement de la nef et du transse est couronné par une coupole conique refaite dans ces dernières années et qui repose sur un tarbour percé de huit paires de baies. Le bras droit de la croix est surmonté d'une tour très élevée.

Quatre chapelles rayonnent autour de l'abside voûtée en cul-de-four.

Le plan et l'effet intérieur de Saint-Pierre sont
des plus remarquables. Il en est de même de la
partie de l'ornementation qui a emprunté ses motifs au règne végétal ou qui ne relève que de la
fantaisie. Les moulures de la plupart des archi-
voltes notamment sont d'une extrême élégance.
Mais la façade, malgré ses dimensions et la per-
fection de quelques détails est d'un assez maigre
effet et ne prépare point à l'impression qu'on
éprouve en pénétrant dans la nef. Une cinquan-
taine de personnages symétriquement enfermés
trois par trois, deux par deux ou séparément
dans des arcades, et vingt-cinq autres logés dans
de petits médaillons, sollicitent à la fois l'attention, chacun de son côté, et les efforts qu'on fait
pour les rattacher à une action commune ne
réussissent d'abord qu'à faire remarquer l'incor-
rection du dessin et l'étrangeté des postures,
parfois grotesques. Il faut épeler péniblement
cette page avant d'arriver à y lire le jugement
dernier. En haut de la grande arcade on voit le
Christ dans sa gloire avec son cercle d'anges et
les quatre évangélistes ; au-dessous, les élus, le
regard tourné vers le Sauveur occupent presque
toute la largeur de la muraille ; aux extrémités
seulement, trois ou quatre réprouvés ; plus bas, et
à part, saint Martin partageant son manteau avec
un pauvre, et saint Georges triomphant du dra-
gon ; dans les tympans de l'arcature inférieure,
les douze apôtres groupés trois par trois.

A l'origine la scène principale, à laquelle on
peut rigoureusement rattacher les deux autres,

ressortait bien plus clairement. La façade ne dépassait pas les combles, comme le démontreraient, au besoin, deux gargouilles, maintenant inutiles, qui ont été oubliées dans les piles latérales lorsqu'on les a surhaussées. L'ensemble de la grande scène dessinait alors sur la façade une vaste croix, au-dessus de laquelle il n'y avait rien. Il ne pouvait pas, en effet, entrer dans la pensée de l'architecte de mettre quoi que e soit au-dessus du ciel, où le Christ est dans sa gloire. Vers le commencement du XIIIᵒ siècle on suréleva la façade; on refit en même temps la « gloire » et de chaque côté on ajouta une arcature remplie par des ornements étrangers au sujet. Dans une restauration récente, le pignon a reçu une seconde série d'ornements oiseux, disposés dans des arceaux en gradins, qui montent sur le sommet de la croix ou de la gloire et dont l'effet est loin de faire oublier que, par là, ils constituent un contre-sens.

Anciennement il y avait dans l'abside une crypte, dont on a retrouvé des restes en réparant e monument, il y a une quinzaine d'années.

Chapelle Saint-Gelais. — En 1533, le doyen Jacques de Saint-Gelais fonda, pour sa sépulture et celle de ses deux frères Octavien et Charles, une chapelle attenant au côté méridional de l'abside de la cathédrale. Il la dédia lui-même à Notre-Dame-du-Salut; mais elle n'a guère été connue que sous le nom de son fondateur.

La voûte fut écrasée par la chute du grand clocher de Saint-Pierre, en 1569. Abandonnée

depuis lors, la chapelle servit de hangar aux préfets
de l'empire et de la restauration, logés dans l'ancien évêché. En 1833, le préfet Larréguy fit clore
et recouvrir cette ruine et crut la mettre ainsi à
l'abri de nouvelles dégradations.

Elle a été rasée lorsqu'on a restauré le chevet
de la cathédrale.

A en juger par la description qu'en a donnée
Michon, par un dessin de M. Rivaud qui l'accompagne et par de nombreux fragments de scul-
pture, mis de côté ou dispersés, la chapelle de
Saint-Gelais était une des œuvres les plus gra-
cieuses de la Renaissance dans notre contrée, et
sa destruction est d'autant plus regrettable que
les monuments de ce genre y sont plus rares.

Au nombre des débris qu'on en a conservés se
trouvent trois médaillons. L'un représente le

fondateur, Jacques de Saint-Gelais, évêque d'Uzès,
ancien doyen du chapitre ; le second, Octavien de

Saint-Gelais, évêque d'Angoulême ; le trⴰsième,
que n'accompagne aucune légende, est vⴰaisem-
blablement le portrait du poète Melin dⴰ Saint-
Gelais, dont on connaît le degré de pareⴰⴰé avec
le précédent.

ÉGLISES PAROISSIALES.

Il y avait anciennement à Angoulême une quinzaine de cures ou prieurés. Il n'y a plus actuellement que deux cures : Saint-Pierre et l'Houmeau ; trois succursales : Saint-André, Saint-Ausone et Saint-Martial, et une chapelle, Notre-Dame-d'Aubesine.

SAINT-PIERRE, qui est en même temps église cathédrale, a été ci-dessus l'objet d'une notice.

SAINT-JACQUES DE L'HOUMEAU est mentionné en 1110 ; il a été reconstruit en 1840.

SAINT-ANDRÉ, bâti par les Taillefer, fut donné par le comte Guillaume à l'abbaye de St-Amant-de-Boixe, dans le premier quart du XIᵉ siècle. Ce fut dès lors sur la présentation de l'abbé que l'évêque nomma les curés et ceux-ci restèrent sujets envers le couvent à l'obligation du mésage. Ce devoir consistait pour les autres prieurés à nourrir pendant un ou plusieurs mois l'établissement dont ils dépendaient ; mais, par exception et à raison de ce qu'il était entouré de corps de métiers, Saint-André acquittait sa contribution en produits industriels : il vêtait et chaussait le personnel de Saint-Amant.

Saint-André, qui était la chapelle des derniers Taillefer, fut aussi celle de l'échevinage. On y disait une messe chaque mardi au compte de la commune, et, en 1500, lorsque la ville, à la suggestion de la comtesse Louise de Savoie, résolut de changer son horloge et d'avoir une cloche plus grosse, il fut décidé en même temps que l'une et l'autre seraient placées, non plus dans le beffroi municipal, mais « en un lieu qu'on ferait faire tout expressément » dans l'église de Saint-André, qui était en reconstruction. Malheureusement, après avoir consulté leurs ressources, les maire, échevins, conseillers et pairs reconnurent que pour le moment ils ne pouvaient « si bravement faire, » et ils ne trouvèrent d'autre moyen de contribuer à la bâtisse que de se priver du dîner qu'ils avaient l'habitude de se donner chaque année au compte du budget, après l'élection du maire. Ce repas coûtait environ quatorze livres tournois, que le conseil dès lors versa annuellement dans la caisse de la fabrique; si bien que vingt-quatre ans après cette résolution, les bourgeois eurent la satisfaction de pouvoir couler leur cloche dans l'église même, ce qui faillit leur amener une affaire avec les familles dont on avait été obligé de déranger les ancêtres pour faire la fosse.

Tant bien que mal, durant une soixantaine d'années, la machine sonna les heures; puis elle s'arrêta. Longtemps après, en 1591, lorsqu'on voulut la remettre en mouvement, plusieurs pièces étaient écartées. On fit, pour la réparer, ne souscription, et on n'eut pas, cette fois, à aller chercher au loin un horloger : il en était venu un de Limoges se fixer à Angoulême, où existaient maintenant d'autres horloges que celle de Saint-André. Le mécanisme fut rétabli et on le compléta par « une montre extérieure ».

La cloche qui convoquait les assemblées de la ville et qui, dans ces temps troublés, avait aussi plus d'une fois donné l'alarme aux bourgeois, se rompit à son tour, en 1616, et le maire fut pour un temps obligé de faire convoquer verbalement les cent membres du corps de ville.

Descendue en l'an II et portée au dépôt de vieilles fontes, à l'Houmeau, elle fut remontée peu après dans le clocher de Saint-André, et c'est encore elle qui, les jours d'élections, appelle le peuple aux urnes.

SAINT-AUSONE a été bâti par M. Abadie près de l'emplacement de l'ancienne église abbatiale de ce nom.

SAINT-MARTIAL était une construction de la fin du XIᵉ siècle. En 1848, on s'aperçut que la voûte, depuis longtemps dissimulée par un revêtement en planches, menaçait ruine, et l'église fut fermée. Le petit monument qui l'a remplacée quelques années après, simple et harmonique dans toutes ses parties, est une des meilleures œuvres de M. Abadie.

Notre-Dame-d'Aubezine est une chapelle dans la paroisse de Saint-Martial. M. de Rencogne lui a

restitué son véritable nom, défiguré de d verses
façons, et a établi que dès le milieu du xiii-siècle
« les frères d'Aubezine » possédaient une maison
et des vergers sur le revers oriental du plateau
d'Angoulême. La chapelle est mentionnée en 1499
et a été reconstruite en 1730.

Le petit établissement d'Angoulême, qui à l'origine paraît avoir relevé directement de l' bbaye
d'Aubazine, en Limousin, passa depuis sous la
dépendance de celle de Grosbost, qui e était
issue.

ÉGLISES DÉTRUITES

NOTRE-DAME-DE-LA-PENNE, probablement la plus
ancienne des églises d'Angoulême, était située
au chevet de la cathédrale. Son nom, qui est
celtique, vient de sa situation sur une hauteur.
D'après Michon « une crypte naturelle règne sous
la nef à une grande profondeur. » C'est là ncore
une circonstance digne de remarque et qui ermet
d'attribuer à cette antique basilique une rigine
analogue à celle de la petite chapelle de Giget,
accrochée presque au sommet d'un rocher à pic,
à l'ouverture d'un long couloir souterrain A la
Penne, l'entrée primitive de la grotte de ait se
trouver au bord du plateau et aura été obstruée
par la construction du rempart, qui au refois
passait à une petite distance.

La situation exceptionnelle des églises d Giget
et de la Penne doit s'expliquer par l'existence an-

térieure d'un culte à une divinité topique, qu'on
aura voulu faire oublier, suivant le conseil de
saint Grégoire, en lui substituant une autre dévotion.

Le plan de l'église était celui de la basilique
latine. L'abside, seule voûtée, se trouvait à l'ouest,
autre preuve d'une grande ancienneté. Le clocher, sans doute postérieur au reste du monument, existait encore en 1735 ; mais à cette
époque les toitures du vieil édifice étaient tout
effondrées. Aujourd'hui le peu qui reste de la
Penne est compris dans les caves de l'évêché et
il n'est même plus possible d'y reconnaître les
dispositions indiquées par Michon.

SAINT-JEAN, qui, lui aussi, touchait presque à
la cathédrale, a dû à l'origine en être le baptis-
tère. On pouvait en quatre minutes faire le tour
de sa paroisse; il n'en avait pas moins le titre
d'archiprêtré et comprenait dans son ressort la
ville et les faubourgs, ainsi que la Couronne,
Saint-Michel et Nersac. Au sud, l'église était
appuyée sur le rempart. Elle fut vendue sous la
Révolution et plus tard servit de cave à un café,
établi sur sa voûte. On a depuis achevé de la dé-
truire pour élargir et dégager le boulevard.

LE PETIT-SAINT-CYBARD, mentionné pour la première fois au commencement du XIIe siècle, était
situé près de la cathédrale, à l'est de la rue à
laquelle il a laissé son nom.

SAINT-VINCENT se trouvait près du mur qu séparait la ville et le parc du château, non lo du rempart. L'église au commencement du :vii siècle tombait en ruines ; une partie fut ac uise par les Jésuites pour la construction de eur collége, et la paroisse fut annexée à cell de Saint-Antonin.

SAINT-ANTONIN, qui datait du xi siècle, tait près du château, dans l'immeuble aujour hui compris entre la rue du Marché et les plac de l'Hôtel-de-Ville et du Marché-Neuf.

NOTRE-DAME-DE-BEAULIEU, monument du xi siècle, fort remarquable, a été démoli lors la construction du lycée. Il n'en reste que quel ues chapiteaux, au musée.

SAINT-PAUL, situé à côté du Châtelet, exi ait dès le commencement du xii siècle. On en oit encore quelques vestiges dans une habita ion particulière.

SAINT-PIERRE-SOUS-LES-MURS, plus souvent désigné, depuis 1493, sous le nom SAINT-ELOY, dû être un des premiers oratoires d'Angoulême s'il est vrai que l'évêque Méraire y ait été inhu né, vers 574. Cette église, reconstruite à la fin d x siècle, était au-dessous de la porte Saint-Pie re. Sa paroisse a été, depuis le moyen âge, anne ée à celle de Saint-Martin.

SAINT-MARTIN, dont les restes font partie d'une habitation, est sur la pente sud-ouest du plateau.

SAINT-AUGUSTIN, qui était à l'ouest, figure pour la première fois dans un document de 1280, et tomba en ruines pendant la guerre de Cent ans. A côté de cette église, qui passait pour avoir les reliques de saint Macou, il y avait une petite source, dont, en 1489, le clergé préconisait les vertus miraculeuses afin d'obtenir quelque argent pour la reconstruction du sanctuaire. Les offrandes furent sans doute peu abondantes, car on ne refit qu'une simple chapelle, laquelle a été démolie en 1795.

Le Séminaire, situé près de Saint-Martial, fut fondé à la fin du XVIIᵉ siècle par les évêques Péricard et de Rezay.

ORDRES RELIGIEUX.

SAINT-CYBARD était une abbaye de l'ordre de Saint-Benoît.

Eparque, dont le nom s'est transformé en Cybard, vivait au milieu du VIᵉ siècle, dans le temps où les Franks, après avoir disputé la Gaule aux autres Barbares, se la disputaient entre eux par le poignard, l'épée ou le poison. Il était originaire du Périgord et vint chercher une retraite au bord de la Charente, sous les murs d'Angou-

lême. Il passa là une quarantaine d'années lans
la solitude ; mais, en se retirant de la soci⊏é, il
n'avait pas cessé de compatir à ses maux ⊠i de
travailler à les soulager. Grégoire de Tour⊜ son
contemporain, dit que si on apportait à Ep⊐que
de l'or ou de l'argent il l'employait soit aux be oins
des pauvres, soit au rachat des captifs. Une cl⊐rte,
conservée dans le cartulaire du chapitre c thé-
dral confirme ce témoignage du plus anci⊠ de
nos historiens. Elle est datée de l'an 47 du ⊏gne
de Childebert et fut remise par le reclus à l'é⊒que
Aptone pour consacrer l'affranchissement de ent-
soixante-quatorze esclaves qu'Eparque ava⊥ pu
tirer de leur état misérable, soit au moyen ⊕ ses
propres ressources, soit avec le concours d⊏per-
sonnes charitables, qui l'avaient choisi pou dis-
pensateur de leurs bienfaits.

Une grotte qui est sous le rempart de la ille,
et que l'évêque Péricard a fait transform⊏ en
oratoire, passe pour avoir été la retraite d'Epa que.
D'après une autre tradition, il aurait eu son ⊏rmi-
tage à côté d'une ancienne chapelle, qui ⊖rait
apparemment celle de Saint-Yrieix, bâtie pr⊏s de
la font de Folie. C'est, en tout cas, au-desso s de
cette source que fut construit plus tard un m nas-
tère en l'honneur du reclus.

Les Taillefer firent de grands dons à l'al⊐baye
de Saint-Cybard, où la plupart d'entre eux f⊏rent
inhumés. La prospérité de cet établissemen⊠ alla
croissant jusqu'au temps de la guerre des An_lais.
Les moines, pour jouir de quelque sécurité, f⊏rent
alors obligés de fortifier le couvent, où eurs

sujets des paroisses de Saint-Yrieix et Nersac venaient faire le guet ; mais « les tours, créneaux et portaux » dont ils le munirent n'empêchèrent pas toujours les gens de guerre d'y pénétrer. Quant aux domaines ruraux, ils furent, comme tout le plat pays, maintes fois dévastés, et la ruine des tenanciers entraîna celle du monastère. Dans la première moitié du XVe siècle, les revenus de la maison se trouvaient tellement diminués que, de cinquante, le nombre des religieux était tombé à six, vivant misérablement dans les mâsures de leur établissement. En 1403, pour réparer leur église, ils en étaient réduits à vendre leurs chapes, deux tables d'autel en argent et d'autres ornements précieux. Un demi-siècle après, les moines ne savaient, pour ainsi dire, plus où trouver un abri. Ils firent sous toutes les formes des appels à la charité : ce furent d'obord des quêtes ; puis, deux ou trois fois dans une même génération, pour stimuler la générosité, ils exhibèrent de sa châsse le chef de leur patron et promirent enfin cent jours d'indulgences aux bienfaiteurs. Malgré tout, Saint-Cybard ne se releva qu'incomplètement de ses ruines. L'établissement de la commende et les guerres du XVIe siècle réduisirent encore ses ressources et la Révolution le trouva presque abandonné.

Le chroniqueur Adhémar de Chabanes, vivant aux XIe et XIIe siècles, est le seul des moines de Saint-Cybard qui ait laissé un nom.

L'abbaye possédait de nombreuses reliques, parmi lesquelles, outre le corps de son patron, il faut citer celles de saint Groux, de Frédelert, de sainte Pavide, des morceaux de la vraie croix et du saint sépulcre, « le cendal de saint Jehan évangéliste, onquel chantoit la messe on désert appellé Pathmos, » du lait de sainte Catheine en une fiole de verre, « une pierre dont sainct Estienne fut lapidé, » et une partie du vêtement de Notre-Dame. Le couvent était pour ce dernier article moins bien partagé que son prieuré de Themolac, en Périgord, qui pouvait montrer la chemise de la Vierge.

SAINT-AUSONE, abbaye de femmes de l'ordre de saint Benoît, était à l'ouest de la ville, en dehors des murs. On ignore la date de sa fondation et on ne connaît son patron que par des légendes contradictoires. Saint-Ausone est mentionné pour la première fois vers la fin du Xe siècle ou le commencement du XIe, dans l'acte d'une donation qui lui fut faite, d'un mas de terre et d'une famille de serfs, par le comte Guillaume et sa femme Girberge. L'église, ruinée par les guerres des Anglais, fut de nouveau détruite, ainsi que le couvent, pendant le siège de 1568. Sept ans après, les religieuses acquirent le château de Beaulieu et y transportèrent leur communauté.

LES TEMPLIERS, qui existaient à Angoulême en 1259, avaient leur église près du mur qui séparait la ville et le Parc, à l'endroit où maintenant se tient le marché.

LES DOMINICAINS, JACOBINS ou FRÈRES PRÊCHEURS s'établirent au centre de la ville, vers le milieu du XIIIᵉ siècle, époque où il paraît y avoir eu à Angoulême quelques ferments d'hérésie.

Les fonctions inquisitoriales attribuées à leur ordre et la manière dont ils s'en acquittaient firent des Dominicains un objet de terreur et de haine. En essayant de rétablir l'Inquisition, Henri II les désigna pour ainsi dire d'une façon spéciale à la colère des Huguenots. A Angoulême, lors des événements de 1562 et de 1568, ils eurent beaucoup à souffrir dans leurs personnes et leurs biens : un des membres de la congrégation, qui était théologal de l'évêché, et, en cette qualité, chargé des procès d'hérésie, fut mis à mort; l'église, qui datait du XIVᵉ siècle, fut ruinée et le jardin du couvent changé en place publique.

Avant les guerres de religion, la maison d'Angoulême comptait plus de soixante religieux; mais comme ils vivaient d'aumônes et étaient une charge pour la population, Louis XIV estima qu'on en devait réduire le nombre à vingt. Quoique mendiants, ils firent des économies qu'ils perdirent dans les spéculations de la Régence. Leurs querelles perpétuelles étaient, au dire du lieutenant-criminel Gervais, un scandale pour la ville.

L'administration avait pris à ferme une partie de leurs locaux pour y loger le présidial, la prévôté, les eaux et forêts, l'élection et les greffes.

Le Palais de Justice a été bâti sur l'emplacement du couvent des Jacobins.

LES RELIGIEUX DE SAINT-FRANÇOIS, FRÈRES MINEURS OU CORDELIERS fondèrent, vers 123▬, une maison dans le voisinage de Beaulieu. Leur église, à la construction de laquelle contri ua la comtesse Béatrix de Bourgogne, ne fut a evée que dans le premier quart du XIV⁰ sièc▬. Le cloître, le réfectoire et le dortoir furent bâtis du temps de Louise de Savoie, à la fin xv⁰ et au commencement du XVI⁰ siècle.

Les cordeliers étaient un ordre mendiant dont la besace, dès la fin du moyen âge, était assez mal vue du peuple. En 1568, le gardien de ceux d'Angoulême et deux de ses moines fure victimes de la fureur des huguenots.

Avant les guerres de religion, les frères m neurs étaient une soixantaine ; il n'y en avait pl s que douze à quinze au commencement du XVIII⁰ siècle.

La chapelle des Cordeliers avec ce qui re te des bâtiments claustraux fait aujourd'hui par ie de l'hôpital.

LES CAPUCINS, autre ordre mendiant, s' tablirent en 1661 au faubourg de la Bussate. a caserne d'infanterie occupe la place où éta leur maison.

LES MINIMES furent installés près de Beaulieu par Marie de Médicis, pendant son sé ur à Angoulême, en 1619. Eux aussi vivaient d'aumônes ; mais la charité s'éloignant de pl s en plus des mendiants de profession, ils avaie t déjà commencé à connaître la faim lorsqu'ils vendirent leur couvent au comte d'Artois, quelque temps avant la Révolution. Il en fit une halle. C'est aujourd'hui la manutention.

LES JÉSUITES arrrivèrent à Angoulême en 1622, pour y prendre la direction du collége. La salle des concerts a remplacé une partie de leur établissement et le reste est occupé par une école maternelle.

LES URSULINES, établies en 1628, dans des locaux provisoires, terminèrent leur maison en 1628. Elle est située entre les places de Marengo et de Saint-Martial et renferme maintenant un orphelinat et une école.

LES TIERCELETTES ou FILLES DU TIERS-ORDRE DE SAINT-FRANÇOIS furent appelées, en 1640, par la famille de Nesmond, qui les installa dans l'ancien hôtel des Taillefer. Leur chapelle fut construite en 1733.

LES CARMES DÉCHAUSSÉS s'établirent à l'Houmeau, en 1651 dans un local provisoire, puis, assez longtemps après, dans un couvent qu'ils bâtirent et qui appartient maintenant aux dames de Chavagne. La ville, depuis longtemps, lorsqu'une congrégation projetait de fonder une maison à Angoulême mettait pour condition que les religieux ne mendieraient pas. Elle poussa cette fois la prudence plus loin et exigea du fondateur qu'il consignât vingt mille livres, dont e le fit emploi en rentes au nom des carmes, q¬i dès lors ne purent mendier qu'à la campagne.

LES CARMÉLITES arrivèrent en 1653. Le ville ne les autorisa qu'à la condition qu'ils n⊏men- dieraient pas. Leur couvent, situé près du re ipart du nord, est actuellement occupé en parti par une école publique.

LES FILLES DE LA FOI ou de L'UNION CHRÉT⊐NNE, établies en 1676 et autorisées par lettres pa ⊃ntes en 1682, avaient pour mission de recev⊏r les jeunes filles protestantes qu'on enlevait = leur familles pour les élever dans la religion ⊏atho- lique. Après la révocation de l'édit de N ntes, l'intendant M. de Saint-Contest, proposa à l⊏cour de donner aux Filles de la Foi une partie des⊒biens des réformés émigrés pour les récompens⊒r du zèle qu'elles avaient montré dans leur pr¬sély- tisme. Leur établissement est aujourd'hui l⊒gen- darmerie.

LA SYNAGOGUE

On ne sait presque rien sur les Juifs d'A⌐gou- lême durant l'ancien régime. En 1348, le⊒reli- gieux de Saint-Cybard leurs concédèrent ⊔ ter- rain pour enterrer leurs morts, sur la per⊏e du coteau, entre le rempart et l'abbaye. C⊏lieu, dans sa vue cavalière d'Angoulême, plac⊒ leur temple à côté du Marché-Vieux, aujourd'hui place de Marengo, entre la porte de Périgord et l'église de Saint-Martial.

Il y a à Angoulême deux rues des Juifs, l'une près de la place du Palet, l'autre à l'Houmeau. Ce nom porte à croire qu'elles étaient la résidence obligée des Israélites, bien qu'il ne figure dans aucun document ancien.

L'ÉGLISE RÉFORMÉE

Le séjour de Calvin à Angoulême, vers 1533, lui valut quelques sympathies personnelles et ne put que contribuer aux progrès des idées dont il allait être bientôt le principal représentant; mais son action ne dut pas s'étendre beaucoup au-delà du cercle d'intimes dans lequel il se renfermait. Il était déjà poursuivi à raison de ses opinions et c'est sous un nom d'emprunt, celui de Charles d'Hespeville, qu'il cachait sa présence en Angoumois. Au dire de Rœmond, son adversaire, il passait ses journées et quelquefois ses nuits à étudier. L'abbé de Bassac et le prieur de Bouteville, Antoine Chaillou, « tous deux hommes de lettres, curieux de ramasser tous les bons livres qui se pouvaient recouvrer, » étaient du nombre des personnes avec lesquelles il aimait à s'entretenir. C'est d'ordinaire à Girac, chez Chaillou, que l'on se rencontrait. Le sieur de Torsac, frère de l'historien La Place, faisait aussi partie de ces petites réunions. Le jeune étranger

logeait chez Louis du Tillet, curé de Claix et
chanoine de la cathédrale, dont il reconnaissait
l'hospitalité en lui enseignant le grec, ainsi qu'à
ses deux frères, qui plus tard se firent un nom
par leurs travaux sur l'histoire de France. Calvin
rendit un autre service à son hôte en composant
pour lui de courtes homélies, que le chanoine
faisait lire dans les églises et qui devaient singu-
lièrement différer de ce qu'on y entendait d'ordinaire. Deux ou trois fois même, s'il faut en
croire Rœmond, le futur réformateur fut chargé
de prononcer, à la cathédrale, des oraisons la-
tines, à l'occasion du synode. Louis du Tillet
suivit son maître dans le voyage que celui ci fit
en Allemagne ; mais, à la pressante sollicitation
de son frère Jean, depuis évêque de Meaux, il
revint ensuite reprendre sa place au chapitre de
Saint-Pierre.

Les trois ecclésiastiques dont nous venons de
parler ne furent pas les seuls à adhérer aux idées
nouvelles. Un livre de comptes de l'évêché qui
commence à 1538, contient dès cette même année
la mention des procès d'hérésie intentés à des
prêtres. L'un d'eux fut, le 12 mai, promené par la
ville, en chemise, une torche de cire à la main,
et dut faire amende honorable pour des « paroles
mal dites » contre la Vierge.

Ce même registre nous révèle que, en 543,
« le luthérisme pullullait dans le diocèse d'Angoulême, » et cependant, à sortir ainsi du giron
de l'Eglise, on ne risquait pas moins que la vie.
En 1548, le parlement condamna un nommé

Oubert, lecteur ou diacre à Saint-Claud, à être brûlé pour crime d'hérésie, mais, comme on l'amenait à Angoulême pour y subir sa peine, il fut arraché des mains de la justice par ses amis. En 1553, un autre adhérent de la réforme, Gilles Leroy, échappa au bûcher, en faisant à Angoulême, amende honorable, c'est-à-dire en assistant à un sermon, en chemise, un cierge à la main.

La persécution, qui sévissait avec plus de rigueur encore dans la plupart des autres provinces, y atteignit plusieurs de nos compatriotes, parmi lesquels nous citerons un avocat, nommé Nicolas du Rousseau, qui mourut en prison, à Auxonne, à la veille de monter sur le bûcher, en 1557; Girard de Courlieu, ministre à Troyes, condamné en 1559, à être brûlé, et qui fut arraché des mains des archers par une troupe de gens masqués ; Pierre Arondeau, d'Angoumois, brûlé vif, la même année, à Paris, sur la place de Grèves, en exécution d'un arrêt du parlement.

A la fin du règne de Henri II le mouvement religieux prit un essor considérable, qui un moment découragea presque la persécution. A Angoulême les réformés se trouvaient « en tel nombre qu'ils ne pouvaient bonnement s'assembler en secret. » Ils avaient pour pasteur un de leurs concitoyens, Jean de Voyon, « apparenté des principaux de la ville, » qui, vers le mois de mars 1560, commença à prêcher, en plein jour. Les officiers du roi se contentèrent de lui en faire défense ; mais, quelque temps après, le gouverneur Sansac, étant arrivé, le fit enfermer au

Châtelet, d'où il ne sortit qu'à la mort de François II.

Ces rigueurs irritaient les esprits, et ce qui
montre combien elles étaient à la fois inutiles et
impolitiques, c'est que, depuis trente ans qu'on
brûlait les hérétiques, leur nombre n'avait fait
que s'accroître et que là où, par exception, on
leur laissait la liberté de prier à leur façon, la
tranquillité publique n'était en rien compromise.
A Jarnac, « où les ministres prêchaient publique-
ment, » il y avait « grosse assemblée, mais sans
aucunes contradictions ni émotions les uns contre
les autres. » Dans quelques paroisses de la Saintonge on poussait la conciliation à ses extrênes
limites : « en même temple, à diverses heures on
prêchait l'évangile et on chantait la messe et
quand les uns sortaient les autres entraient, sans
se faire ne dire aucune chose les uns contre les
autres. »

Le massacre de Vassy, en 1562, changea brus-
quement le cours des événements.

Presque tout le reste du siècle se passe en
luttes sanglantes, à la suite desquelles le protestantisme obtint, par l'édit de Nantes, en 1598, la
reconnaissance partielle de son droit d'exister.
Le culte réformé fut autorisé, à divers titres,
dans un assez grand nombre de lieux, mais non
dans les villes où résidait un évêque. Les protestants d'Angoulême ne purent obtenir un endroit
plus rapproché que le Pontouvre, où ils bâtirent
un temple, vers 1600.

Louis XIV, en 1685, révoqua l'édit pacificateur

de son aïeul et interdit tout exercice du culte réformé. Les dragons, mis en garnison chez les protestants, eurent pour mission de les convertir. Ceux dont on ne put venir à bout furent jetés en prison ou envoyés aux galères. On enleva aux parents leurs enfants pour les faire instruire par les jésuites ou des religieuses. Si quelqu'un après avoir abjuré de force revenait, en mourant, à la profession de sa foi, son corps, placé sur une claie, était conduit à la voirie. Deux fois, en peu de temps, on donna ce hideux spectacle aux habitants d'Angoulême. Les dépouilles ainsi jetées aux immondices, après avoir été traînées dans les rues, furent celles d'un orfèvre, nommé Galliot, et d'une demoiselle Montalembert.

La Révocation avait été précédée d'une longue série de mesures restrictives, qui, en excluant les réformés des honneurs et des emplois, les avaient refoulés vers le commerce et l'industrie, dont le monopole en quelques endroits se trouvait entre leurs mains. Lorsque les dragonnades les obligèrent, en grand nombre, à sortir de France, ils emportèrent avec eux leurs industries, et c'est depuis lors qu'il nous a fallu aller chercher en Hollande les beaux papiers que les Hollandais jusque-là venaient acheter chez nous.

A Angoulême, du moins, Louis XIV atteignit son but : au bout d'une ou deux générations il n'y restait plus un seul protestant. Ce n'est que depuis la Révolution, et avec des éléments entièrement nouveaux qu'une église réformée s'y est reconstituée.

LE COLLÉGE.

Au moyen âge il n'y avait probablemen■ pas d'autre maison d'instruction à Angoulêm■ que celle qui, destinée à préparer au sacerdoce était dirigée par l'écolâtre de la cathédrale. Les ⊏èves vivaient d'aumônes, et lorsque, en 1259, ⊏ugue de Lusignan jeta l'interdit sur le clergé, il it en même temps défendre aux habitants de rien donner à ces jeunes gens.

Le comte Jean de Valois, au xv⁰ siècle, ⊐urait voulu établir dans sa petite capitale un ens■mble d'écoles constituant une université. Lorsqu son petit-fils arriva au trône de France, on put ⊏roire que ce vœu allait être réalisé. François I⁰ à la sollicitation de sa mère, signa, en effet_ des lettres patentes portant création, en la ville d'Angoulême, « de colléges, écoles et univers é en toutes facultés et sciences ; » mais aucune⊏suite ne fut donnée à ce projet, et vingt-cinq a nées devaient s'écouler avant qu'Angoulême eu■ non pas une université, mais un simple collége.

En 1541, Jean de la Roche, seigneur de ■ Rochebeaucourt, sénéchal d'Angoumois, ach⊏a de François Cailhon, sieur de Bellejoie, une ⊏eille maison, dite de Montsoreau, située près de Saint-Vincent, pour y établir un collége.

Les débuts furent difficiles et l'existence de l'établissement resta longtemps misérable.

Le principal avait soixante livres de « gages » par an; encore ne le payait-on pas régulièrement, non plus que ses régents, qui, à la fin de l'année 1558, menaçaient de s'en aller. Le 4 décembre, il expose au corps de ville que « le collége est tout ruiné et s'en va par bas; ès jours de pluie en abondance, il pleut partout; les planchers sont tout rompus, et la plupart des tables ôtées et dérobées. » Le surlendemain il se présente de nouveau et ajoute que « ses régents sont nus, et le receveur ne leur veut bailler deniers de leurs gages pour eux habiller et vêtir, parce qu'il dit n'avoir pas de deniers. »

Un moyen sur lequel on comptait pour faire prospérer l'établissement, c'était d'empêcher la concurrence. Des écoliers, appelés chambriers, se permettaient d'enseigner à d'autres le peu qu'ils savaient; quelques ecclésiastiques avaient aussi des élèves. Le principal se plaignit que, par suite, on ne venait pas au collége; sur quoi le maire et son conseil « ordonnèrent que inhibitions et défenses seraient faites à tous écoliers chambriers, pédagogues, clercs, prêtres et autres personnes tenant école et recevant élèves en leur chambre pour les lire et apprendre, de non désormais en recevoir en aucune manière pour les distraire dudit collége; mais, au contraire, leur serait fait commandement et injonction, à peine de prison et amende, ès jours et heures dé=iées et accoutumées, d'aller avec les autres éc⊐iers audit collége commun et public. »

Cette interdiction comportait un inconvé ient au point de vue même des intérêts qu'elle v⊐lait sauvegarder : certains élèves n'avaient ⊃our vivre d'autres ressources que les leçons ◾u'ils donnaient ; les en priver, c'était les obli◾er à retourner chez eux. D'autre part il s'en f⌐llait que toutes les familles désireuses de faire◾ins- truire leurs fils fussent en situation de « no◾rrir et entretenir un clerc » pour les accompagn◾r au collége. La ville, par ce motif, tout en défer⌐lant aux élèves les plus avancés de donner des l◾:ons chez eux aux mêmes jours et heures que éta- blissement communal, décida « qu'ils pourr⌐ient mener et conduire avec eux audit collég◾ les jeunes petits enfants qui leur seraient re◾om- mandés par aucuns des manants et habitan⌐s de la ville. »

L'année suivante, il faut, de toute néce≡ité, faire des réparations ou chercher un autre ocal « pour retirer les écoliers. » Le 18 juin le ⊐rps de ville appelle dans son sein le théologal ⋅t le lieutenant particulier. Le premier est d'avi≡non seulement qu'on répare, mais qu'on agran isse l'établissement et offre d'en prendre « la ch⊐rge et gouvernement » si on veut lui faire, pour rois ans, l'avance de trois cents livres. Le se⊂nd, après avoir rappelé que depuis vingt ans on léli- bère et que rien encore n'a été fait, cons ille, puisqu'il n'y a pas d'argent, d'en demande⊏aux

habitants et, à cet effet, de charger quelques-uns
des membres de l'assemblée « d'aller par les
portes des maisons de la ville pour entendre la
volonté d'un chacun et ce qu'il voudra donner
pour la réparation du collége. » Les propositions
du théologal et du lieutenant, l'une complétant
l'autre, sont adoptées et cinq échevins, conseillers ou pairs sont invités à procéder à cette
quête. Quelques semaines après ils reviennent,
rapportant en argent ou en promesses cent-qua-
rante livres. A supposer que les cent membres du
corps de ville eussent souscrit et que seuls ils
eussent donné, c'était une moyenne de vingt-huit
sous par tête. Le conseil reconnut qu'il n'y avait
pas de quoi payer la main d'œuvre du maçon
seulement. Il décida alors que les travaux seraient faits par corvées et que le maire contrain-
drait les ouvriers, comme on le faisait pour les
réparations des remparts, « attendu la nécessité
et que c'est chose pour la république et pour toute
la patrie. »

Sept semaines après, le maire déclare que tout
est abandonné, faute d'argent, les manœuvres
apparemment ne voulant pas donner leur temps
là où le bourgeois ne donnait pas son argent.

En novembre un conseiller offre cent livres, à
condition que maîtres et élèves diront chaque soir
deux *salve*, l'un à la gloire de Dieu, l'autre en
l'honneur de la Vierge. Le maître des eaux et
forêts constitue une rente de cent sous.

Au commencement de l'hiver on se met enfin
à l'œuvre ; mais on s'arrête presque aussitôt

devant deux difficultés, dont l'une, le manque
d'argent, n'est pas nouvelle ; l'autre, fort inat-
tendue, c'est que la ville n'est pas bien sûre
d'être propriétaire de l'immeuble dont l'entretien
lui cause tant de soucis. Du fond de la Bretagne,
un créancier du donateur de la maison de Montsoreau menace d'en faire expulser le principal si
on ne paie pas six cents livres qui lui sont dus.

Le conseil dans ce cas pressant, prélève quatre-
tre-vingt livres sur « l'aumône de Saint-Gelais, »
qui est une fondation charitable, comme son nom
l'indique ; pour le reste il fait appel aux « bien
aises, » qui cette fois s'exécutent. Le maire à la
maisée du 29 mars 1560, peut présenter le contrat
d'acquisition du collége, grossoyé « en deux
grandes peaux de parchemins. » Il a même acheté
un jardin pour agrandir l'établissement ; mais
pour cela il a fallu, en violation des statuts
municipaux, vendre un office de pair.

A peine avait-on mis la main à la truelle que
les élèves arrivèrent et bientôt le principal
manqua de chambres et de meubles pour ses
pensionnaires. On prit les lits, le linge et la
vaisselle de l'hôpital des pestiférés, où heureusement il n'y avait alors personne.

Le principal, auquel la ville allouait cent livres
par an et qui avait deux régents auxquels l'en
donnait cent-cinquante, faisait, pour se couvrir,
payer une rétribution aux élèves, qui devaient
l'apporter à la fin de chaque trimestre ; mais il
arrivait souvent qu'à cette échéance les écoliers
s'accordaient quelques jours de congé. Il se fit

alors autoriser à percevoir chaque mois à la porte du collége deux sous par élève. C'est ainsi du reste, qu'on procédait dans les universités et on faisait par ce moyen l'économie des frais de bureau.

Le collége, entré dans une voie meilleure, traversa sans difficultés sérieuses la période des guerres de religion. Les protestants, maîtres de la ville, en 1568, prirent la direction de l'établissement. Après qu'ils en eurent été dépossédés, ils essayèrent de fonder une école, mais on y mit opposition. En 1580, il se présenta plus d'élèves qu'on n'en pouvait loger.

La ville fixait le taux de la rétribution scolaire, qui, en 1607, était montée à cinq livres par mois. Le principal devait recevoir gratuitement quinze élèves et les « avoir en pareille recommandation que les autres pour les faire bien instruire. »

En 1600, il avait été question de confier le collége aux Jésuites ; mais ce projet ne reçut son exécution qu'en 1622. Les Pères traitèrent de leur établissement à Angoulême avec le maire sans avoir demandé l'agrément de l'évêque, Antoine de la Rochefoucault, qui en fut froissé et leur enjoignit de quitter la ville, ce qu'ils ne firent point. Il interdit alors le collége et ils l'ouvrirent quand même. Il paraît qu'en outre il y eut dans le discours d'inauguration des paroles peu flatteuses pour lui. Le prélat, irrité, lança contre eux une sentence d'excommunication ; mais, le jour où on devait la lire, le peuple se rua dans les églises, l'arracha des mains des curés et la foula aux pieds. L'archevêque de Bordeaux, obligé de venir rétablir l'ordre, trouva moyen de donner à peu près satisfaction à tout le monde. Il fut convenu que les Pères sortiraient d'Angoulême et s'en iraient à une lieue de là ; que, le lendemain, le corps de ville demanderait à l'évêque de les rappeler ; que, le jour suivant, celui-ci leur ferait dire de revenir ; qu'ils se présenteraient alors devant lui « genou en terre, etc. » Cette petite comédie, où tout, paroles attitudes et dénouement, était prévu, réglé, stipulé, fut convenablement jouée : les Jésuites, comme ils en avaient pris l'engagement, jurèrent à l'évêque « qu'ils l'honoraient et chérissaient de tout leur cœur. »

Cela se passait dans la première quinzaine de décembre 1622, et dès le printemps suivant les hostilités recommencèrent. L'évêque refusa de payer aux Pères les annuités d'une ancienne fondation, appelée la prébende préceptoriale dont le collége avait joui avant le changement de direction et qui devait continuer à venir en déduction de la subvention promise par la ville à l'établissement.

De son côté, le maire fit « clôre une petite ruette, pleine d'ordures et immondices, où jamais charrette, ne charriot, ne chevaux de charge passèrent, n'étant la tête que de la largeur de trois pieds et demi, et où s'étaient retirés plusieurs fois les coureurs de pavé et mal famés. » Or, c'était par cette rue que, depuis quarante ans et plus, les évêques faisaient porter le « fiant » de leurs chevaux sur un terrain vague, où en ce moment les

Jésuites bâtissaient la chapelle du collége. Par suite, M. de la Rochefoucault fut obligé de chercher un autre emplacement pour son fumier.

Il était à craindre que le conflit, sous le premier prétexte venu, passât à l'état aigu.

Le maire avait le droit d'appeler pour l'entretien des remparts les habitants des paroisses voisines à deux lieues à la ronde. Au mois d'avril 1625, il voulut faire venir les gens de Champniers pour réparer quelques brèches et envoya à cet effet un ban, que le curé devait lire en chair. Un nommé Dubreuil s'opposa à cette publication, en conséquence de quoi il fut condamné à payer pour tous les corvéables. A Champniers, le condamné échappait à la contrainte ; mais, le 12 ou le 13 août, par bravade ou imprudence, il vint à Angoulême et on l'arrêta. L'évêque aussitôt le prit sous sa protection et annonça qu'il lui rendrait la liberté. Le maire courut à la porte Saint-Martial et fit lever le pont. Presque en même temps, M. de la Rochefoucault arrivait, escorté d'un groupe de gentilshommes et conduisant Dubreuil dans son carrosse. Les bourgeois, de leur côté, convoqués à la hâte, accoururent et barrèrent le passage à la troupe épiscopale. On allait en venir aux mains si le maire, pour éviter une effusion de sang, n'avait ordonné d'abaisser le pont-levis. Après avoir convoyé Dubreuil jusqu'à la limite de la juridiction municipale, les gentilshommes rentrèrent triomphants.

L'évêque ne se contenta pas de cette petite victoire.

Les Jésuites, au mois de février 1626, venaient d'achever leur église. Lorsqu'ils voulurent l'ouvrir, M. de la Rochefoucault le leur défendit, et, non content de jeter l'interdit sur le monument, il les déclara eux-mêmes excommuniés s'ils passaient outre. Les Pères, rapprochant habilement les circonstances de l'affaire, se plurent alors à lui répondre : « Monseigneur, votre sentence est nulle, parce que vous faites du juge en votre propre cause, s'agissant ici de notre chapelle et du fumier de vos écuries.»

On a depuis, et sans malice, donné le nom de notre plus grand comique à l'étroite venelle par où passait ce fumier, et dont la clôture, s'il faut en croire les Pères, aurait seule motivé leur excommunication.

Au milieu de toutes ces difficultés, on put craindre un moment pour l'avenir de l'établissement autour duquel se faisait tant de bruit. L'absence d'une classe de philosophie était cause que beaucoup d'élèves allaient faire leurs études ailleurs et il se produisait encore parfois des embarras d'argent.

La plupart des habitants, pour avoir les Jésuites, avaient mis leur signature au bas d'une liste de souscriptions ; mais plusieurs, au bout de vingt ans, en étaient encore à verser leur cotisation et se laissaient assigner. La ville elle-même ne donnait en numéraire qu'une partie de ce qu'elle avait promis et en était réduite à payer le reste en promesses.

Toutefois, ce genre de difficultés disparut assez

rapidement, grâce aux libéralités que surent attirer les nouveaux maîtres. Sous leur habile direction, le niveau des études s'éleva ; le nombre des élèves s'accrut et on fut obligé d'agrandir les locaux.

Mais le conflit renaquit avec les évêques, qui n'en étaient plus à se faire illusion sur le danger que faisaient courir à leur autorité les auxiliaires que Loyola avait donnés au clergé séculier. La nouvelle rupture eut lieu en 1658, à l'occasion de l'ouverture du cours de philosophie, annoncée par des affiches où il n'était pas fait mention de l'autorisation épiscopale. M. de Péricard les menaça d'excommunication. En 1720, pour d'autres motifs, Besnard de Rezay lança contre eux l'interdit.

Malgré tout, le collége était prospère et réunissait plus de trois cents élèves lorsque, en 1762, les Jésuites furent expulsés du royaume.

La ville reprit alors la gestion de l'établissement. Elle n'y était nullement préparée, pas plus que l'Université ne se trouvait en état de remplacer du jour au lendemain les membres de la compagnie dans les nombreuses maisons d'instruction qu'elle avait fondées.

On réorganisa le collége comme on put, après avoir été obligé de le fermer pendant quelques semaines. Il ne fit plus dès lors que péricliter. Il lui restait quarante élèves en 1775 ; au moment de la Révolution, il était à peu près désert.

Fermé pendant la Terreur, il se rouvrit en 1795 sous le nom d'école centrale et fut transformé en école secondaire en 1804. De collége communal, il devint collége royal en 1840.

Transporté sur la place de Beaulieu, dans une des plus belles situations de la ville, le ycée d'Angoulême est aujourd'hui le premier établissement secondaire de l'académie de Poitiers

CÉLÉBRITÉS

Angoulême n'a pas produit de grands hommes; mais il a donné le jour à quelques célébrités de second ordre, que nous allons énumérer.

Melin de Saint-Gelais, l'ami et l'émule de Marot, est né, à ce qu'on croit, à Angoulême, en 1487.

Marguerite d'Orléans dite de Valois, fille de Charles, comte d'Angoulême, et de Louise de Savoie, naquit le 11 avril 1594. C'est une des physionomies les plus sympathiques du XVIe siècle. Marguerite fut le bon génie de son peu digne frère François, qui ne vaut que dans les moments et la mesure où il subit sa généreuse influence.

André Thevet, voyageur sans véracité et écrivain sans critique, né vers 1504. Il y a de fortes raisons de croire que c'est lui, et non Nicot, qui a importé en France le tabac, auquel il donne le nom d'herbe angoumoisine.

Jacques d'Angoulême dit Maître Jacques, statuaire peu connu, qui pourtant fut une fois le concurrent heureux de Michel-Ange.

Pierre de la Place, jurisconsulte, moraliste et historien, né vers 1529. Ses Commentaires sur l'état de la religion et de la république sous les rois Henri II, François II et Charles IX, ont été plusieurs fois réimprimés et se trouvent dans toutes les Collections de Mémoires sur l'histoire de France. La Place était protestant et fut une des victimes de la Saint-Barthélemy, à Paris, où il avait la charge de premier président = la Cour des Aides.

François Garasse, de la compagnie de Jé—us, polémiste et prédicateur, né en 1585.

Louis de Nogaret d'Epernon de Lavette, c—di-nal et commandant d'armée, né en 1593.

Jean-Louis Guez de Balzac, né en 1597, ⊂ri-vain correct, a mis de la mesure et de l'harm—nie dans la prose française qui, par contre, a p⊂du sous sa plume la grâce naïve des écrivain= du XVIᵉ siècle. Ce qu'il faut lui reprocher surt—ut, c'est de n'avoir le plus souvent rien mis dan=ses phrases, si soigneusement cadencées.

Jean-Baptiste Vivien de Châteaubrun, au ⊇ur tragique, né en 1686, membre de l'Acad⊂nie française.

Le marquis Marc-René de Montalembert, n■ en 1714, général et tacticien, membre de l'Acad⊂nie des sciences, créateur de la fonderie de canon de Ruelle.

Charles-Auguste de Coulomb, physicien, men⊐re de l'Académie des sciences, né en 1736.

Louis Dussieux, littérateur oublié, né en 17—4.

Jean-Baptiste Riveau, général de division né en 1755.

FIN

TABLE

	Pages.
ANGOULÊME. — Histoire....................................	1
La Commune...	61
Les anciens Hôtels-de-Ville et le nouveau........	69
Les Comtes...	75
L'ancien et le nouveau châteaux.................	85
Les Évêques..	91
L'évêché. Le Chapitre.............................	107
Églises. — Cathédrale..................................	111
Églises paroissiales................................	119
Églises détruites...................................	122
Ordres religieux....................................	125
La Synagogue...	132
L'Église réformée......................................	133
Le Collége...	138
Célébrités...	149

Parthenay. — Typ. Émile Seguy.

FIGURES

Les objets figurés pages 4, 7, 8, 9, 10 et 16 appartiennent au Musée de la ville ; pages 5 et 11, à M. Dumas ; pages 12 et 13, à M. Fauquez ; page 17, moulage d'inscription et vase, à Mme de Rencogne ; page 18, à l'évêché ; pages 17 et 118, moulages, au Musée.

Les clichés des pages 4, 8, 9, 18, sont empruntés aux « Agésinates » de M. E. Castaigne.

Les autres ont été faits sur les dessins de M. de Fontzaigle.

Le dessin de la page 53 est fait d'après une aquarelle de M. le commandant Meyret, appartenant au Musée.

ERRATA

Page 39, ligne 16, occurence *pour* occurrence.
— 56, — 5, Saint-Simon, *ajoutez :* dans ⊐ rue Cloche-Verte.
— 60, — 3, égoùts *pour* égouts.
— 68, — 3, établirent *pour* rétablirent.
— 75, — 6, non neveu *pour* son neveu.
— 80, — 32, vasseaux *pour* vassaux.
— 96, — 32, de Palet *pour* du Palet.
— 104, — 3, *supprimez* ne.
— 131, — 12, 1628 *pour* 1678.

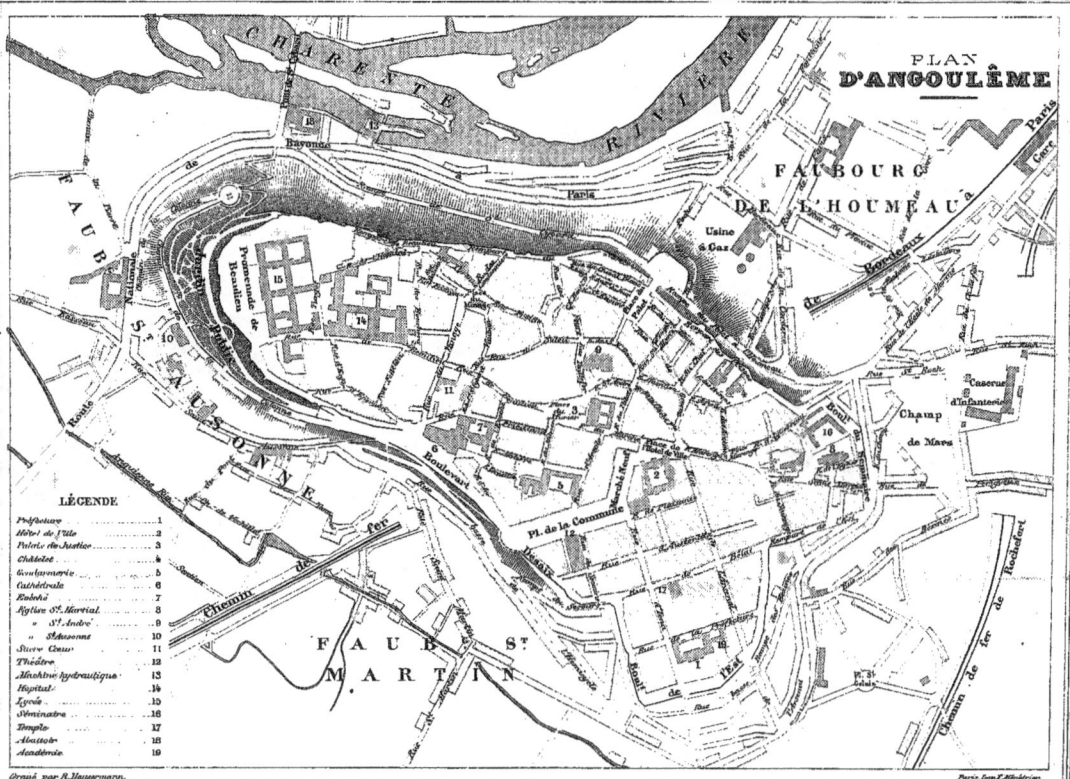

PLAN
D'ANGOULÊME

LÉGENDE

Préfecture 1
Hôtel de Ville 2
Palais de Justice 3
Châtelet 4
Gendarmerie 5
Cathédrale 6
Évêché 7
Église St. Martial 8
  "   St. André 9
  "   St. Ausonne 10
Sœur Gras 11
Théâtre 12
Machine hydraulique 13
Hôpital 14
Lycée 15
Séminaire 16
Temple 17
Abattoir 18
Académie 19

Gravé par R. Hausermann.

COQUEMARD, Libraire à Angoulême

Paris Imp. E. Kaeppelin.

Collection unique: 160 plans de villes françaises et étrangères.

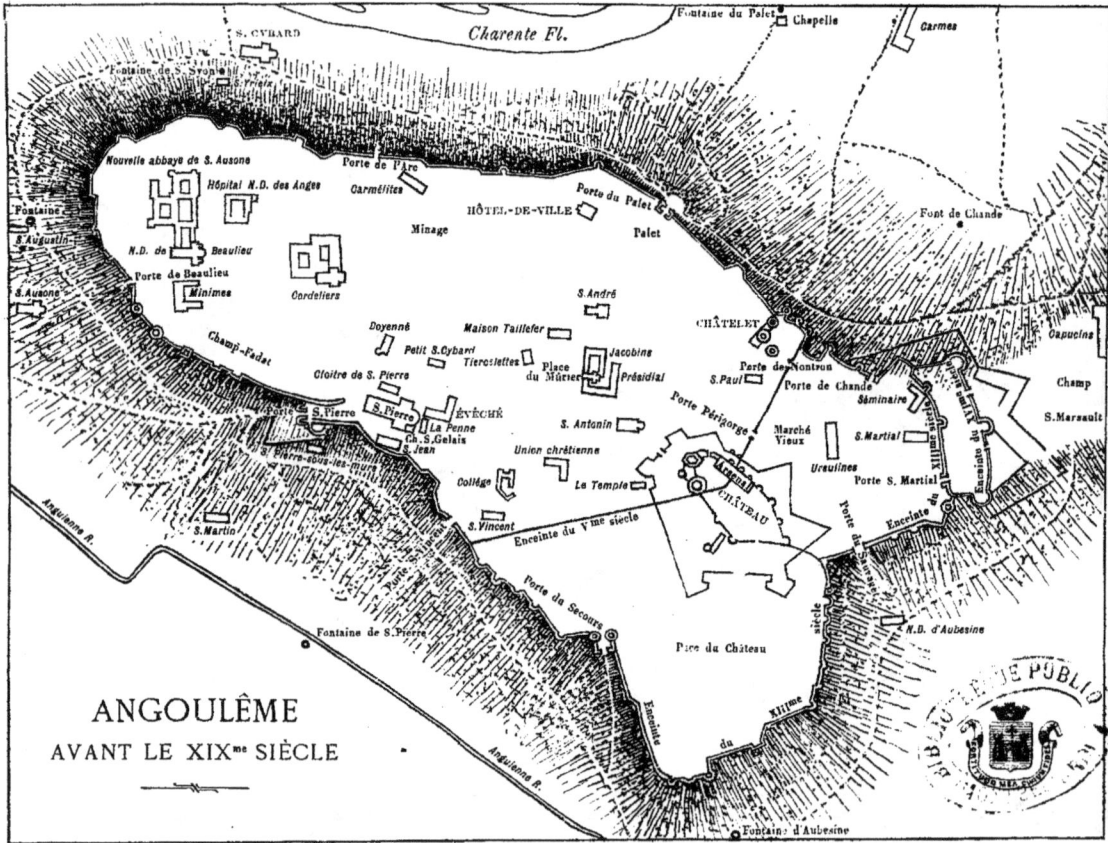

Charente Fl.

S. CYBARD

Fontaine de Syone

Fontaine du Palet   Chapelle   Carmes

Nouvelle abbaye de S. Ausone

Hôpital N.D. des Anges

Porte de l'Arc

Carmélites

Porte du Palet

Font de Chande

HÔTEL-DE-VILLE

Minage

Palet

Fontaine

S. Augustin

N.D. de   Beaulieu

S. Ausone

Porte de Beaulieu

Minimes

Cordeliers

Champ-Fadet

Doyenné

Petit S.Cybard

Maison Taillefer

Tieroslettes

Cloitre de S. Pierre

S.Pierre   S. Pierre

ÉVÊCHÉ

La Penne

Ch. S.Gelais

S. Jean

S. Pierre-sous-les-murs

S. Martin

Place du Mûrier

S. André

Jacobins

Présidial

CHÂTELET

Porte de Nontron

S. Paul

Capucins

Champ

S.Marsault

Porte de Chande

Séminaire

S. Antonin

Union chrétienne

Porte Périgorge

Marché Vieux

Ursulines

S. Martial

Porte S. Martial

Collège

Le Temple

CHÂTEAU

S. Vincent

Enceinte du Vme siècle

Porte de Secours

Porte de

Enceinte   du   XIIme

Porte du

Enceinte du

siècle

N.D. d'Aubesine

Fontaine de S. Pierre

Pice du Château

Angoulenne R.

Angoulenne R.

ANGOULÊME

AVANT LE XIXme SIÈCLE

Fontaine d'Aubesine

Librairie Charentaise L. Coquemard

Bulletins de la Société archéologique et historique de la Charente.

Catalogue du Musée d'Archéologie d'Angoulême.

F. BLAIS, Catalogue du Musée de peinture de la ville d'Angoulême.

G. CHAUVET, les Polissoirs préhistoriques de la Charente.

— Deux sépultures néolithiques.

P. DE FLEURY, les Ravaillac d'Angoulême.

— Documents inédits sur l'histoire des arts en Angoumois.

— Notes additionnelles au *Gallia Christiana*.

A.-F. LIÈVRE, Exploration archéologique du département de la Charente, t. I*er* (*cantons de Saint-Amant, Mansle et Aigre*).

— La Boixe, histoire d'une forêt.

— Restes du culte des Divinités topiques dans la Charente.

G.-R. DE RENCOGNE, Mémoire sur l'Angoumois, par Gervais.

— Nouvelle chronologie des maires d'Angoulême.

— Documents historiques inédits sur l'Angoumois.

— Recueil de documents pour servir à l'histoire du commerce et de l'industrie en Angoumois.

Dr CHANCEL, l'Angoumois en 1789.

Parthenay. — Typ. Émile Sauzy.

www.ingramcontent.com/pod-product-compliance
Lightning Source LLC
Chambersburg PA
CBHW050001100426

42739CB00011B/2467